ROMA AŞ

İLK ÇOKULUSLU ŞİRKETİN YÜKSELİŞİ VE ÇÖKÜŞÜ

Koç Üniversitesi Yayınları: 109   TARİH | İŞLETME

Roma AŞ: İlk Çokuluslu Şirketin Yükselişi ve Düşüşü
Stanley Bing

İngilizceden çeviren: Rana Alpöz
Yayına hazırlayan: Emre Ayvaz
Düzelti: Ümran Küçükislamoğlu
Kitap tasarımı ve uygulama: Gökçen Ergüven
Kapak tasarımı: Øivind Hovland

First published in English as *Rome, Inc.* by W.W. Norton & Company, Copyright © 2006 by Stanley Bing
© Türkçe yayın hakları: Koç Üniversitesi Yayınları, 2016
1. Baskı: İstanbul, Kasım 2016

Baskı: 12.matbaa   Sertifika no: 33094
Nato Caddesi 14/1 Seyrantepe Kâğıthane/İstanbul   +90 212 281 2580

Koç Üniversitesi Yayınları   Sertifika no: 18318
İstiklal Caddesi No:181 Merkez Han Beyoğlu/İstanbul   +90 212 393 6000
kup@ku.edu.tr • www.kocuniversitypress.com • www.kocuniversitesiyayinlari.com

Koç University Suna Kıraç Library Cataloging-in-Publication Data
    Bing, Stanley
    Roma A.Ş. : ilk çokuluslu şirketin yükselişi ve düşüşü = Rome, Inc. : the rise and fall of the first multinational corporation / Stanley Bing ; İngilizceden çeviren Rana Alpöz ; yayına hazırlayan Emre Ayvaz.
    176 pages ; 13,5x20 cm. -- Koç Üniversitesi Yayınları ; 109. Tarih/İşletme.
    Includes bibliographical references and index.
    ISBN 978-605-9389-19-8
    1. Rome--History--Humor. 2. Corporate state--Rome--Humor. 3. Parables--Humor. I. Alpöz, Rana.
II. Ayvaz, Emre. III. Title.
    DG211.B5620 2016

Roma AŞ

İlk Çokuluslu Şirketin Yükselişi ve Çöküşü

STANLEY BING

İngilizceden çeviren: Rana Alpöz

KÜY

İTHAF

Etrüsklere... Kendilerinden daha güçlü bir şirket kültürünün acımasız gücüne karşı direnmeyi bırakıp boyun eğebilecek kadar sağduyulu oldukları ve sonrasında kendilerini fetheden Roma'nın çok daha zarif bir hale gelmesinde oynadıkları rol için. Siz de bir satınalmanın yanlış tarafında olduysanız bunun ne kadar zor bir şey olduğunu bilirsiniz.

Julius Caesar'a... Bir üst düzey yetkilinin, emrindekilerin kendisine duyduğu sevgiyi aşırı anlam yükleyerek abartması durumunda neler olduğunu gösterdiği için.

Augustus'a... Gücün ve bilgeliğin birbirini dışlayan iki şey olmadığını gösterdiği için. Karısının seri katil olması ne yazık.

Neron ve Caligula'ya... Çok tuhaf oldukları için değil ama Forbisher, McDougall, Weiner'e ve yirmi üçüncü kattaki adamların yarısına çok benzedikleri için.

Hunlara, Vandallara, Vizigotlara, Ostrogotlara ve diğer muhtelif Gotlara... Daha akıllı, daha zengin ve daha iyi teşkilatlanmış bir düşmanı yenebileceklerinden hiç şüphe etmedikleri için. Onlarınki her yerde görülen girişimci dehası. Hepsine kolay gelsin!

Bugünün şanlı İtalya'sına... Roma düşmeseydi varolması mümkün olmazdı.

Ve Roma'ya... Tüm o ihtişamı için tabii. Ama aynı zamanda sonunu kendisi hazırladığı için. Oyunda yeterince uzun kaldığımızda hepimizin yaptığı gibi.

İçindekiler

"Şunlar onun (Caligula'nın) doğasından ileri gelen vahşetini gösterir: Gladyatör gösterisine çıkacak yabanıl hayvanların beslenmesi için gereken küçükbaş hayvanlar pahalıya mal olduğu için hayvanların önüne atılacakları suçlular arasından seçti, suçlarını hiç incelemeden tutukluları gözden geçirirken yalnızca kapının ortasında durdu ve 'Şu dazlaktan öbür dazlağa kadar' diyerek onların arenaya götürülmelerini buyurdu. İmparator sağlığına kavuşacak olursa, gladyatör olarak dövüşmek için adakta bulunan birinden sözünü tutmasını istedi ve onu kılıçla dövüşürken izledi, dövüşü kazanıncaya dek ve birçok dua etmeden gitmesine izin vermedi. Aynı nedenden yaşamı üzerine ant içen bir başkasını, kendisini öldürmekte geciktiği için başını kutsal ağaç dallarından bir taçla ve bir kurban gibi kutsal şeritlerle süsledikten sonra çocuklara teslim etti, adağını yerine getirmesi için zorlandı, yüksekçe bir yerden kendisini tepetaklak aşağıya atıncaya dek sokaklarda sürüklenmesini buyurdu. Soylu sınıftan birçok kişiyi önce onursuzluk damgası vurduktan sonra, maden ocaklarında, yol yapımında çalışma ya da yabanıl hayvanların önüne atılma cezasına çarptırdı; ya yabanıl hayvanlar gibi kafeste dört ayak üzerinde durmaya zorladı ya da bu insanları testereyle ortalarından ikiye kestirdi; bu cezalar ağır suçlulara değil, düzenlediği bir gladyatör gösterisinin tanrısına yemin etmeyenlere verildi. Ana babaları çocuklarının ölüm cezalarını izlemeye zorluyordu: Sağlık nedenlerini ileri süren birine tahtırevan yolladı, bir başkasını cezanın infazını izledikten hemen sonra şölene davet etti ve sevgi gösterisinde bulunarak onu neşelenmeye ve şaka yapmaya zorladı. Gladyatör ve yabanıl hayvan gösterilerini düzenleyen kişiyi birkaç gün kendi gözü önünde zincirle dövdürdü, adamın beyni parçalanıp da çıkan pis kokudan rahatsız oluncaya dek onu öldürtmedi. Bir komedi ozanını iki anlama gelen bir dizesi yüzünden amfiteatrın ortasında diri diri yaktırdı. Yabanıl hayvanlara atılan bir Roma atlısını, suçsuz olduğunu bağırdığı için arenadan alınmasını ve dilinin koparılmasını buyurduktan sonra, yeniden arenaya yolladı."

Gaius Suetonius Tranquillus, *On İki Caesar'ın Yaşamı*, Latinceden çevirenler: Fafo Telatar, Gül Özaktürk (Ankara: Türk Tarih Kurumu Yayınları, 2008), s. 133-134.

"Bu arada, Kozlowski, iddiaya göre, ikinci karısı Karen Mayo için düzenlediği bir doğumgünü partisinde Tyco'nun parasından bir milyon dolar harcadı. Partide Michelangelo'nun *Davud* heykelinin buzdan bir kopyası vardı ve heykel, penisinden votka püskürtüyordu."

New York Daily News, 12 Eylül 2002

Önsöz: Küresel Düşün, Yerel Öldür

İlk büyük çokuluslu şirket Roma'ydı ve Roma'nın yükselişi ve sonunda çöküşü, mirasçıları olan bizler için pek çok ders içerir. Bu sayfalarda insanlık tarihinin ilk kurumsal şirketinin hikâyesini anlatacak ve bu hikâyeden dersler çıkaracağız. Bu unvanı –insanlık tarihinin ilk kurumsal şirketi– hak ettiğini düşünen başkaları da olacaktır, ama yanılırlar. Asya toprakları boyunca sağa sola saldıran, toprakları da koyunları da aynı gaddarlık ve hevesle öldüren, yaralayan, ezen, öğüten, yalayıp yutan yağmacı Cengiz Han ve Moğol göçebeleri mi? Onlarınki kurumsal bir davranış biçimi değildir. Hoşgörüsüz tanrılarını bakirelerinden söküp çıkardıkları ve hâlâ atan kalplerle besleyen Mayalar mı? Onlarınki kurumsal davranış biçimine biraz daha yakın olabilir, ancak birtakım şeyler inşa etmek ve kendilerini savunamayanları kurban etmek kurumsal hayat için hiç de akıllıca davranışlar değildir.

Hayır, kurumlar iyi bir fikirle başlar, ihtiyacı olanlara ürün ve hizmet sağlayarak kendilerini geliştirir, evrilerek, yok ettiklerinden daha fazlasını yaratarak faaliyet alanlarını genişletir, başarılı olmak ve yöneticilerini mutlu etmek için her zaman merkezi bir iradeyle hareket ederler. En başından beri Roma'nın tek bir basit, büyük kurumsal düşüncesi vardı: Roma tarafından fethedilen, şirkete dahil edilen herkes Romalıydı. Ele geçirildikten sonra artık Onlar olmazdınız. Biz olurdunuz. Roma tüm dünyaya vatandaşlık satıyordu. Dünyanın büyük bir kısmı bataklıkta yaşar ve tehlikeli bir nehrin içinden elleriyle balık yakalamaya çalışarak ölürken, bu ne kadar da güzel bir üründü.

Romalı olmak! Özellikle de zaman içinde kontrolü altına giren ve küçük, tatsız işleri yürüten orta düzey yöneticiler için bu gerçekten baştan çıkarıcıydı. Frank ya da Vizigot örgütlerinin başkan yardımcılarını kendi üst yönetimlerinden anında uzaklaştırma konusunda çok işe yarayan bir iç pazarlama anlayışıydı bu. Siz olsanız hangisini tercih ederdiniz: Roma için çalışan stratejik planlama müdürü olmak mı, burnuna kadar kürkle kaplı bir derebeyinin tebaası olmak mı? Cevabı belli bir sorudur bu. Orta kademe yönetim için domuzların eşelendiği bir çamur birikintisinin içinde kocaman, şişman bir sümüklüböcek olmaktansa şık bir çokuluslu şirketin küçük ve sevimli bir parçası olmak her zaman daha iyidir. Öncelikle, çok daha fazla seyahat imkânı vardır, ek ödemeler daha iyidir, ara sıra gösterişli mekânlarda banyo yapabilirsiniz ve şansınız varsa Sezar'la tanışabilirsiniz. Kısacası, ne kadar çetin olursa olsun kurumsal hayatın mükâfatları vardır, özellikle de üyeliğin tek alternatifi ölümse. Son on yıl içinde reklamcılık sektöründe hayatta kalmaya çalışan herhangi birine sorun. Romalılardan biri değilseniz, büyük ihtimalle cılız bir Hunsunuzdur.

BİRİNCİ BÖLÜM

İki Kardeşin Temelini Attığı
Dürüst Mü Dürüst Bir Aile Şirketi

Her şirketin kuruluşunda bir efsane vardır. Küçük şirketler bile haklarında çok şey bilinmeyen atalarıyla ilgili hikâyeler üretir. Hayatının başında meteliğe kurşun atan Morty Amca'nın şimdiki haline bakın! Providence'tan Trenton'a kadar doğu sahili boyunca uzanan bir perakende mağaza zinciri! Elindeki birkaç kuruşla ve küçük bir hamburger tezgâhıyla Ray Kroc, ortaçağ California'sında soğan doğrayıp köfte çevirerek ve bu şekilde milyarlarca, hatta günün birinde trilyonlarca insana hizmet veren binlerce mola yerinin her biriyle övüneceği bir dev yarattı. Genç Bill Gates ve Nolan Bushnell, ileri teknolojiden ziyade kötü *rock and roll* üretmeye elverişli olan, varoşlardaki tuhaf bir garajda iğrenç sivilceleriyle oynarken kişisel bilgisayarın hayalini kuruyorlardı. Babasının puro işinde sıkıntıdan patlayan Bill Paley, yeni bir mecra olan radyonun, hareket halinde olmaya uygun bir ürün olduğuna karar verdi, içinden ürünün geçtiği bir iletişim hattına sahip olup olamayacağını kendi kendine sordu ve bu istasyonları birbirine bağlayınca ne olacağını merak edip bir radyo ağı yarattı.

Bu hikâyeler, yatırım ve ticaretin iç dinamiklerini harekete geçirir ve şirketleri kendilerine ait birleştirici bir anlayışa sahip olmaya götürür. Vazgeçilmez ve önemli oldukları hissi, onlara en azından daha ucuza çalışacak eleman alma yeteneği kazandırır.

Roma'nın kuruluş destanı, kuş uçmaz kervan geçmez bir tepede yaşayan birkaç derbeder çobanla başlar. Zaten o zamanlar kuş uçmaz kervan geçmez olmayan yer yoktu. Bu küçük, gürültücü grup, sürülerini otlatıyor ve vahşi doğada dolaşan kurt sürülerine karşı kendilerini savunuyorlardı.

Daha sonra Roma'ya dönüşecek olan geleceğin aile şirketinin ilk atası bu düşmanca ortama gözünü açtı. Adı Aineias'tı ve Homeros'ta anlatılan, Troya'nın o meşhur düşmanca ele geçirilişinden sonra yerleşecek yeni bir yer arıyordu. Oğlu yol kenarında Alba Longa adında küçük bir kent kurdu ve bu kent, kardeş olan iyi kralla kötü kral arasında hâkimiyet mücadelelerine sahne olacak kadar büyüdü.

Bugün de büyük-küçük tüm kurumlarda sıklıkla olduğu gibi, kötü kral ne yapıp edip Alba Longa'da iktidara geldi. Kötü CEO öylesine büyük bir tehlikeydi ki kardeşi hayatından endişe etti, başka yerlerdeki önemli işler için sayısız yolculuğa çıkarak neredeyse sırra kadem bastı ve böylece işten atılması da zorlaştı.

Alba Longa'nın kötü başkanı o kadar kötüydü ki iyi kralın kızını Vesta Rahibesi olmaya zorladı. Vesta Rahibeleri önemli dini şahsiyetlerdi, ancak bu işi sürekli yapabilmeleri için temel koşul ömürleri boyunca her türlü cinsel ilişkiden kaçınmalarıydı. Bu, büyük ihtimalle onlar için olduğu kadar dinlerin evliliği yasakladığı diğer kurumsal kültürler için de geçerliydi.

Vesta Rahibesi, iyi başkanın kızı, tabii ki ibretlik bir örnekti – ta ki iyi ya da kötü talihiyle savaş tanrısı Mars'ın ilgisini çekinceye kadar. Roma tanrıları güçlü varlıklardı ve böyle oldukları için de diğer birçok tanrıya göre daha çekiciydiler. Ve elbette genel merkezden mükemmel bir yetkilinin ortaya çıkıp yerel bir kasabaya gelerek, alt kadrodan gözü yaşlı bir personeli bambaşka bir halde bıraktığı ilk vaka değildi bu. Rahibeden hoşlanan tanrı hiç vakit kaybetmedi ve Tacitus'a göre ona uykusunda sahip oldu. Böylece anneleri bakire, babaları bir tanrı olan ikizler dünyaya geldi. Adları Romus ve Romulus'tu.

Vesta Rahibesi (artık eski Vesta Rahibesi demek gerekiyor sanırım), yeni şirketin müstakbel sahiplerinin mağrur annesiydi. Ancak onların varlığı, çok kötü olan mevcut CEO tarafından takdir edilmedi. Varlıklarından haberdar olunca anneleriyle birlikte çocukları da Tiber Irmağı'na attı. Irmak, kutsal rahibeler için ve tanrısal varlıkların çocukları için bile feci soğuk ve zorluydu.

Rahibenin güzelliği ırmak tanrısı tarafından fark edilince rahibe mucizevi bir şekilde hayatta kaldı. Tanrı, kadınla evlenerek onun namusunu kurtardı. İkizler ise ırmağın kıyısında karaya fırlatıldı. Tam burada bir kurt sürüsü yaşıyordu ve bir anne kurt bebekleri emzirmek için hazır bulunuyordu. Büyüyüp serpilen çocuklar, kötü kralın çobanı tarafından evlat edinilecek kadar hayatta kalmayı başardı. Çoban onları tam da kralın korktuğu şekilde yetiştirdi – kendisinin kaçınılmaz sonu ve etrafındaki yeni nesil üst düzey yöneticiler olarak.

Böylece büyüyüp yetişkinliğe adım atan yakışıklı, iyi kalpli ve yetenekli gençler Gabii'de okula gittiler ve çobanın ya da domuz çobanının (kime inandığınıza bağlı) oğulları olarak bilindikleri Alba sarayında vakit geçirdiler. Kötü kralın hizmetkârlarının sinirine dokunuyor, ancak kralın dikkatini hiç çekmiyorlardı.

Günün birinde domuzların çalınmasıyla ya da o zamanlar idamla cezalandırılan başka bir suçla ilgili bir kavga çıktı ve Romus durumu kontrol altına almak üzere bir grup genci topladı. Yerel merciler toplanan bu kalabalığı yanlış yorumlayarak onları CEO'yu öldürmeye niyetlenmiş yevmiyeli bir işçi grubu sandı. Romus en tepedeki adamın huzuruna çıkarıldı. Adam ilk anda Romus'a ne yapacağını bilemedi.

Tuhaf bir güzelliği olan genç adamda özel bir şeyler olduğunu fark eden kötü başkan, o zamanlar bile eski olan delege etme sanatını kullanarak konuyu emri altındakilere havale etti, ancak onlar da ne yapacaklarını bilemez haldelerdi. Bu arada, ezeli ve ebedi başkan, o sırada yarı emekli bir Jobs olarak kırlarda dolaşan iyi kalpli büyükbaba ortaya çıkıp Romulus'u kardeşine yardım etmesi için yüreklendirdi. Romulus yardıma gitti ve göz açıp kapayıncaya kadar Romus serbest kaldı, kötü adam öldü ve Alba Longa bir kez daha gerçek başkanının, büyükbabanın eline geçti. Böylece ilk kurumsal el değiştirme tamamlanmış oldu.

Bu hikâyedeki kötü başkanın paranoyasının sağlam temellere dayandığına dikkat edin lütfen. Paranoya hemen her zaman sağlam temellere dayanır, özellikle de üst düzey yöneticilere sunulan tek tazminat seçeneğinin, başlarının vücutlarından ayrılması olduğu kurumsal kültürlerde.

Doğuştan sahip oldukları hakkı öğrenip işe el koyan ve büyükbabalarına tahtı geri veren Romulus ve Romus kendi başlarına kalıp iki nedenden dolayı farklı bir yola koyuldular. Birincisi, kendi topraklarında her şey yoluna girmişti ve orada hükümdar olmalarının tek yolu büyükbabalarını öldürmekti. İyice düşünüp taşınan ve bunu reddeden kardeşlerin başka bir sorunu vardı: Askerler, köleler, kadınlar, çocuklar, kâhinler, domuz çobanları ve ipsiz sapsız bir sürü insandan oluşan, başıboş ve olacaklara hazırlıklı büyük bir kalabalık, son yıllarda yürüttükleri kurumsal savaşlar boyunca onlara bağlanmıştı. Kullanılmadığı takdirde tehlikeli bir sorumluluğa dönüşebilecek bu büyük kaynakla ilgili ne yapılabilirdi? Özellikle erkekler çeşitli amaçlarla yerli kadınları alıkoymaya başladığında, Plutarkhos'un belirttiği gibi "zorla alıkoyduklarına karşı sıra dışı bir saygı gösterip hürmet etseler" bile, Alba Longa halkı bu güruhtan hiç kimseyi kesinlikle istemez oldu.

Kurucuları, girişimin büyümesi ve başarılı olması için merkezi bir önemi olan politikayı bu noktada, şirketin bu ilk günlerinde benimsedi. Bölgedeki bütün kaçaklara, seyahat eden askerlere, borçlulara, dilencilere ya da yersiz yurtsuzlara kapılarını açtılar, ibadetleri için bir tapınak sağladılar, hepsini korudular ve hiçbirini geri çevirmediler, ne köleleri sahiplerine ne katilleri polise teslim ettiler. Ve her birine değerli bir ödül teklif ettiler: Bu yeni oluşumda vatandaşlık ya da –iş dünyasının diliyle– en düşük yevmiyeli çalışan ya da danışmana bile kadrolu iş. Hakiki sadakat böyle temeller üzerinde kurulur.

Fethedilene vatandaşlık vermeye ve aynı şekilde gönüllü askerliğe yönelik olan bu politika, şirket tarafından alınan küçük şirketlerin her birini, çoğu zaman daha küçük, daha zayıf ve daha kötü giyimli hedef şirketteki üst düzey yöneticiler de dahil olmak üzere, bir ölçüde hoşnut etti.

Çok geçmeden, Palatium Tepesi üzerinde bir gecede biten mantarlar gibi binin üzerinde ev belirdi. Kardeşler de bu işgücünü korumak ve bir arada tutmak için yerleşim merkezlerini canla başla inşa etmeye koyuldular.

Şirket için bir merkez ofise duyulan ihtiyaç R kardeşler –o andan itibaren kurucular– tarafından fark edildi ve sonunda yeni şirketi, ne yöne gittiklerini bilmeyen, kendilerini sanata, felsefeye kaptırıp her şeyi eskisi gibi sürdürmeye devam eden, Atina, Sparta ve başka yerlerde ofisleri bulunan, o bölgenin eski büyük tüzel kişiliklerinden çok daha birleşik ve güçlü hale getirdi.

Kısa süre içinde duvarları nereden başlatacakları üzerine bir tartışma çıktı. Kardeşler bir anda birbirlerinden rahatsızlık duymaya başladılar. Genişleme, büyüme ve ortak başarıya eşlik eden tatlı sorunlara karşı aşırı bir tepki olarak görülebilir bu. Tam tersine. O gün de şimdi olduğu gibi ofis alanının boyutu, şekli ve düzenlemesi pek çok kanlı çekişmeye neden oluyordu.

Böylece Romulus genel merkezi bir yere kurmak istedi, Romus ise başka bir yere. Romulus bunu belli bir şekilde yapmak istedi, Romus da –tabii ki– başka bir şekilde. Öfkeden deliye dönen Romulus, "Ben de yoluma böyle devam ederim. Romus'la bu konu üzerine konuşmak için bir toplantı daha yaparsam kardeşim demeyip o lanet olasıcayı öldüreceğim," diye düşündü.

Romulus projeye girişti, her iyi kuruluşun ihtiyacı olan ilk şeyi –güvenliği, yani duvarları– halletmek üzere kolları sıvadı. İş başladı. Heyecan doruktaydı. "Tanrım," diye düşündü Romulus kendi kendine, "tek başına çalışmak ne güzel! O itici, dik kafalı ve her şeye muhalefet eden kardeşim sürekli kuyruğumda olmayınca ne kadar rahatım!" Romulus hem bu gelişmeden zevk alıyor hem de derin düşüncelere dalıyordu ve düşündükçe öfkesi daha da artıyordu. Burada gücünü ve adını o herifle paylaşıyordu, oysa o oturduğu yerden Romulus'un aklına gelen her fikrin altında bir bityeniği aramaktan başka bir şey yapmıyordu. Peki, kendisinin herhangi bir fikri var mıydı? Bir tane bile yoktu.

Romulus'un şehri Roma çok büyük olacaktı, dünya tarihinin gelmiş geçmiş en büyük şehri. Bir vizyonu, bir alınyazısı olacaktı. Üşütük kardeşinin kuracağı uyduruk yer gibi bir çöplük olmayacaktı. Çakma şehrine hangi adı verecekti acaba? Reme mi?

Romulus'un gözünün karardığı ve şirketi kardeşinin elinden aldığı o vahim günle ilgili farklı hikâyeler anlatılır. Kimileri Romus'un şehrin yeni duvarlarının boyutuyla ilgili huzursuzluk çıkardığına, fazla alçak olduğunu söylediğine inanır. Bazı söylentilere göre ise duvarlar çok zayıf olduğundan Romus üstünden kolayca atlayarak dalga geçmiştir. Büyüklük ve boyla ilgili şakalar, sıkı bir rekabet içindeki erkekler arasında asla iyi sonuçlara yol açmaz. Genel kabullere göre Romus kardeşiyle dalga geçmiş, bu duruma daha fazla dayanamayan Romulus da onu baş aşağı yere devirmiş. Belki de niyeti onu öldürmek değildi. Bu düşünce Roma tarihinin geri kalanıyla çelişiyor olsa bile hadi biz de öyle düşünelim. Şiddet içerikli bir sapkınlık değildi bu. Yapım işleri devam edebilsin diye kardeşini öldürmekle Romulus gerçek bir yönetici kişiliğin tüm özelliklerini sergiliyor ve aynı zamanda bir kurumsal kültür tesis ediyordu.

Yönetici Kişilik

- Zeki, stratejik, dinamik
- Pek çok diğer harika karakter özellikleri ve...
- Sağı solu belli olmayan nevrotik gurur
- Sarsıcı, kontrol edilemeyen öfkeye yenik düşme
- Dürtü kontrolsüzlüğü
- Etik fakat ahlak dışı
- Cüretkâr, kararlı, yaratıcı
- Kendiyle ilgili yok denecek kadar az mizah anlayışı

Bu hızlı hamleyle Romulus, Roma haline geldi. Tıpkı Edison'ın, Ford'un ve Jobs'ın kurdukları şirketlere kalıcı bir marka vermeleri gibi o da bundan böyle halkın ne giyeceğinden neyi, nasıl yiyeceğine, hangi saatte uyuyacağından gururlu, üzgün ya da kızgın olduklarında nasıl konuşacağına, yolda neler yapacağına kadar her ayrıntısıyla gelecek bin yılda Roma'nın nasıl yaşayacağını belirledi. Dediğim dedikti. Son derece tehlikeliydi. Bir şeyler yaratmayı da seviyordu, bir şeyleri öldürmeyi de. Kendi içinde yaratma ve yok etmenin ikili gücünü dengeliyor, bunu zamanının tüm diğer adamlarından daha iyi yapıyordu. İşlerin halledilmesi için ne gerekiyorsa yapma konusunda vahşi bir iştahın yanı sıra bütün bunlar da Roma'nın ayakta kalmasını sağlayan niteliklerdi.

Artık dünyaya sattıkları şey Roma fikriydi. Kıyamet gününde, bu görev bilinci yok olduğunda kaç tane askeri birliğiniz olduğunun hiçbir önemi kalmazdı, kaybetmeye mahkûm olurdunuz. İşin başında Romulus şirkete sadece bir kurucunun sağlayabileceği, esaslı bir şey hediye etmişti: Kurum kavramı.

Yüreklerinde ve zihinlerinde bu olduktan sonra zaten durdurulamazlardı.

İlk Satınalmalar ve Diğer Yağmalamalar

Böylece Romulus, Romus'u öldürdü ve sonra, hainler için yapılan türden bir törenle onu Remonia Dağı'na gömdü. Bu tür törenlerden sonra bertaraf edilenler ya hepten unutulur ya da iyice küçük düşürülerek yok olma derecesine getirilirlerdi. Romulus daha sonra büyük projelerin hak ettiği bir başlama vuruşunun nasıl yapılacağına dair önerilerini almak için bazı yerel danışmanları yanına çağırdı. Asıl yapım faaliyetlerinin yanında şirketin fiziksel yapısıyla birlikte ruhsal yapısını da inşa edecek bir tür hokkabazlıktı bu.

İlk olarak yapı ustaları en çok sayıda insanın toplanacağı ortak alan olarak düşündükleri yere kocaman, yuvarlak bir çukur kazdılar. Sonra da çukurun içine mevsimin ilk meyvelerini, bir de şans ve başarı getirmesi için o zamanlar gerekli görülen başka bir sürü şeyi attılar.

Daha sonra grup çok önemli bir şey yaptı – sembolü bulan üst düzey yöneticileri düşünürseniz gerçekten dahice bir şey. Uzun vadeli düşündüklerini, şirketin yeni merkezinde yaşama olasılığı olan her vatandaşın kalbine ve aklına kadar ulaşabildiklerini gösteriyordu bu.

Yapım komitesinin her bir üyesi çukura bir çamur topağı fırlattı. Avuçlarındaki sıradan toprak değildi, her bir adamın anavatanından geliyordu. O anı bir düşünün. Sayısız savaştan sağ kurtulmuş olan bu kır saçlı gaziler, tüm bu tecrübeli askerler, evlerinden uzakta, yüreklerinin en derinlerinden bir parçayı bu kurumsal hayalin içine sessizce atıyor. Bunun bin yıl süren bir şirketi meydana getirmesinde şaşılacak ne var?

Çukura "Mundus" adını verdiler, burası dünyanın merkeziydi ve her şeyi buradan başlayarak inşa ettiler. Bir seferinde bir şirketin düzenlediği geziye katılmıştım ve şirketin tüm üst düzey yöneticileri kumsalda mayolarıyla kumdan kale yapmak zorunda bırakılmışlardı.

O an bana bu aptalca görünmüştü, ama bitirdiğimizde grup içindeki birlik duygusu hissedilebiliyordu. (Elden ele dolaştırılan bol miktarda şarabın da bunda payı olabilir.)

Bu duygusal havayı koruyan Romulus daha sonra tunçtan bir saban ucu takıp bir boğayla öküzü birlikte koşarak sabanını oluşturdukları sihirli dairenin etrafında sürdü. (Boğa-öküz sembolizmi biraz karışıktır.) Romulus, sabanı sürülürken kalkan tüm toprağın şehre bakacak şekilde içeri doğru çevrilmesi talimatını verdi. Böylece oluşturdukları kurumsal enerjinin tek bir damlası bile dışarı sızmayacak şekilde kendi içinde korunacaktı. Bu kutsama çabasına bir istisna olarak yeni kurumsal merkezin kapıları için açıklıklar bırakıldı, çünkü temiz olmayan –yani Romalı olmayan– pek çok varlığın bu kapılardan geçebileceği tahmin ediliyordu.

Roma, o günden beri varolan tüm büyük işletmelerde olduğu gibi, bir sürü manevi ve dinsel zırvaya da bağlanarak böyle vücut buldu. Muhtemelen birçok yerde meşgul olan Tanrı, şirketin –ya da futbol takımının, hatta rapçilerin bile– kutsanması ve sonra da tüm güzel şeylerin kaynağı olması için zaman bulur. Menlo Park büyücüsü ampulü yaratmak için doğru teli sonunda bulduğunda, "Bakın ne yaptım," demedi. "Tanrı nelere kadir," dedi. Bu, hem geçmişte hem de gelecekte bir sürü günahı affettirecek bir şeydir.

Ve işte karşımızda Romulus. İtici ve dik kafalı ortağından kurtulmuştu, genel merkezi gayet memnuniyet verici bir şekilde yükseliyordu. Ancak etrafının gücü kuvveti yerinde lümpen proletaryanın yeteri kadar çalıştırılmayan (bunun için gerekli vasıfları da olmayan) işgücüyle sarılı olması rahatsız ediciydi. Bunlar, gidecek başka bir yerleri olmadığı için statü ve konfor bakımından durmadan yukarı gidiyorlardı. Bu konuda bir şeyler yapılmalıydı, hem de bir an önce.

Romulus, şehrini inşa ederken çok akıllıca kararlar verdi ve bu kararlar, bu kurumsal kültürün, Roma'nın anlamlı ömrünün başlangıcı oldu. Önce yaşı sorun çıkarabilecek kadar büyük olan tüm erkeklerden orduya katılmalarını istedi. Sonra orduyu üç bin piyade ve üç yüz süvari olarak düzenledi, hepsine havalı üniformalar giydirerek kendilerini iyi hissetmelerini sağladı.

Gençlerin askere alınmasıyla birlikte yaşlı erkeklerin yapacak hiçbir şeyleri kalmadı. Romulus, bir kez daha hiç de aptal olmadığını kanıtlayarak, en seçkin yaşlı baş belalarının yüz tanesini seçip yeni şirkete ömür boyu danışman olarak işe aldı.

Onları milletin babaları, soylular olarak adlandırdı ve toplantılarını yapacakları havalı bir kulüp binası ayarladı. Burası, içlerinden geldiği gibi konuşabilecekleri ve önemli işler de yapabilecekleri bir yerdi. Önemli faaliyetleri başkan için bir tehdit oluşturmadığı sürece sorun yoktu. Bu adamlar Senato'yu oluşturdular. O kadar iyi bir isimdi ki bu, hâlâ kullanıyoruz. (Bu arada, bu yüz adama babalarının kim olduğunu bilen sadece kendileri olduğu için soylular dendiğini düşünenler de vardır.)

Romulus bu yolla ulus-devlet için çalışan halkla onların işgücünden doğrudan faydalananlar –soylular sınıfı– arasındaki kurumsal bağı kurmuş oldu. Aynı zamanda bütün başarılı örgütlerde hâlâ işleyen, yönetimin çalışanlarını korumak için var olduğu masalını icat etti.

Kitlelerin soylularına duyduğu sevgi önemlidir. Ama yeterli değildir. Yeni şehri tamamlayacak en etkileyici çıkmalardan biri olan Capitolino Tepesi, o sıralar şehrin babaları olarak kabul edilen haydutlar ve kaçaklar için iyi bir üstü. Yiyecek ve barınak için verimli ve el değmemiş topraklar vardı. Fakat bir şirket yaratmak için gerekli olan bir grup insanı bir arada tutmaya sadece yiyecek ve barınak yetmez.

Bunun gibi birçok ihtiyaç, yeni güçlenen başkan açısından büyük önem taşıyordu. Bunlardan biri çoktan yoldaydı – kalın kafalı kardeşi artık ayağının altından çekildiğine göre kendine göre tasarlayabileceği bir şirket merkezinin inşası. İkinci ve aynı derecede önemli hedefi de bu genel merkezi, bir süre yerinden kımıldamayacak, konuyla ilgili mevcut standartlar çerçevesinde şirkete sadık kalacak, en azından işler zora girdiğinde onu hemen öldürmeyecek kişilerle doldurmaktı. Bu bakımdan önemli olan, Roma'yı aile biriminin yaşayacağı ve serpilip büyüyeceği bir yer haline getirmekti.

Bir süre ayakta kalma niyetinde olan büyük şirketlerin çoğu, ailelerle büyük hale gelir. Bunun nedenini merak ettiniz mi hiç? En katı yürekli, ateş saçan CEO bile zaman zaman çalışanlarının evlerine neden mektup gönderir? Tatil zamanı insanları işten atan yerler neden hâlâ Noel partileri ya da yaz piknikleri düzenler ve birini bile kaçıran personele sitem ederler? Başarılı şirketlerde üst düzey yönetim, "takım"la birlikte şehirde çıkılan akşamlarda eşlere neden bütün insani sabır sınırlarını zorlayan aptal siyah kravat ve elbiseler giydirirler? Sebep basittir. Bir çalışanın ailesi kendini bir kere girişimin parçası olarak görürse, maaşlı kölelerle onun hayatını yönetenler arasında farklı bir bağ kurulmuş olur.

Bu kalıbı tamamen kıran şirketler de vardır tabii. Örneğin Microsoft, askerleri için insani bir yaşam biçimini neredeyse imkânsız hale getirmiştir; böylelikle işgücünü genç, yorgun, hırs ve tutkuyla beslenen insanlardan oluşturur. Bu, dev uluslararası şirketin, daha geleneksel ulus-devletleri yıkan emekli maaşı masraflarından kaçınmasını da mümkün kılar. Aynı zamanda, aile dostu bir yapının da olmaması, imparatorunun bilinen dünyada bir Roma hegemonyası yaratmak için tüm çabalarına rağmen bu şirketin yoluna çıkan barbarları ezmesinin nedenlerinden biri olabilir. Mesela şu anda bu metni bir Apple bilgisayarda yazıyorum.

Aileyi yaratmak için tarihin karanlık günlerinde bile, görece basit bazı şeylere ihtiyacınız vardı:

• Çalışmaya, oyun oynamaya ve sosyal faaliyetlere uygun, kötü adamları uzak tutacak duvarlarla çevrili yapılar. Tıpkı ön kapılarına dilencileri, satıcıları ve Çin lokantalarının menülerini bırakmak isteyenleri çeşitli başarı seviyeleriyle uzak tutan modern iş kuleleri ve rezidanslarda olduğu gibi.

• Paraya ihtiyacı olan insanların geçim kaynakları. Böylece işlerini, oyun oynamayı ve sosyal faaliyetlerini sürdürebilmek için çalmak ya da adam öldürmek zorunda kalmasınlar diye. Bu eldeki işgücü için yoğun iş stratejisini kapsar ve tüm imparatorluklarda ele geçirme ve fetih anlamına gelir.

• Kadınlar. Onlarsız bir toplum yaratamazsınız. Ancak dağ başında bir çamur parçasıyla kadınları cezbetmek zordur, özellikle de güzel, kültürlü, başka bir yerde, o günün standartlarına göre bu yeni başlangıcın vaat ettiğinden daha üstün şartlarda yaşayan kadınları.

Romulus, ordunun icadı ve hem şehrin kurulmasını hem de erkeklerin meşgul edilmesini sağlayan agresif bir inşaat planı sayesinde, ekonomik buhranın etkisindeki Amerika'nın 1930'lardaki Yeni Düzen'inden pek de farklı olmayan bir şekilde, ilk iki koşulu sağlamıştı. Ama üçüncüsü için tek bir kararlı hareketle şirketin seçmen grubunu, gelir akışını ve büyüme beklentilerini artıracak büyük ve yüklü bir alım yapması gerekecekti. Bu, insan gücünden fazlasını gerektiriyordu. Ele geçirme hedefine kilitlenmiş bir kültürün, agresif, yırtıcı ve kendi yaşam biçiminin fethetmeyi öngördüğü taraflarınkinden üstün olduğuna ikna olmuş olması gerekiyordu. Özünde daha gelişmiş kurumsal varlıkların haydutlarının, istenmeyenlerinin ve kovulmuşlarının yerleşim yeri olan Roma gibi bir varlık söz konusu olduğunda, kendini beğenme ya da fethetme hakkı gibi bir şeye inanmak için hiçbir sebep yoktu. Ancak bu, yeni şirketi daha köklü ve bazı açılardan daha değerli olan diğer şirketlere hükmetme hakkına sahip olduğunu ileri sürmekten alıkoymadı, çünkü Romulus ve yönetici takımı, erkek vatandaşların kafalarına kültürlerinin kaderinde üstün gelmek olduğu inancını yerleştirdi.

Yerel ruhban sınıfı, genç işletmeye savaş hakkındaki mevcut stratejik düşünme biçimine daha geniş bir çerçeve sunarak çok yardımcı oldu. Kâhinler, CEO'nun büyüklük yanılsamasını körüklemeye hazırdı; Romulus'a şehrinin muazzam bir başarıya ulaşmasının kaderde yazılı olduğunu söylediler. Tanrıları yanına alan patron, düşüncelerini kusursuz hale getirerek planını yaptı.

Kurucunun bulduğu çözüm, Sears'ın Target tarafından fethi kadar parlak, Chrysler'in Daimler tarafından ele geçirilişi kadar cüretkâr, Compaq'in HP tarafından yağmalanması kadar riskliydi. Çözüm şirketi destekleyen tabanı genişletti ve erkek vatandaşların cinsel, sosyal ve ailevi bakımdan kalıcı mutluluğunu sağlama potansiyelini yaratan ve onları bu süre zarfında meşgul eden tek bir kararla kadın sorununu çözmüş oldu. Romulus arzulanan kadınların tamamını bu sırnaşık erkek topluluğuna sunarak koca bir rakibi tek hamleyle yendi.

Sahip olma arzusuyla daha ilkel bir doğası ve gücü olan bir arzuyu birleştirerek, düşmanlarının kalplerinden ve zihinlerinden daha fazlasını fethetmeyi arzu edenler tarafından ustalıkla kullanılan çok eski bir araçtan faydalanarak yaptı bunu. Bu araç tecavüzdü.

Gitgide daha azgın hale gelen Romalı çingeneler, serseriler ve hırsızlar çetesinin yolunun üstünde, Sabinler diye –Romulus'un mükemmel hedef olarak tanımladığı– bir kavim yaşıyordu. Romulus, Circus Maximus'un altında gizli bir tapınak keşfettiğini açıkladı. Burası palyaçoları ve filleri olan bildiğimiz sirklerden değil, yarışların filan yapıldığı büyük bir çemberdi. Bu harika haberi kutlamak için dost canlısı komşuları Sabinleri, muhteşem kurban törenleriyle, halkın katıldığı yarışmalarla, sporlarla ve her türlü eğlenceyle tamamlanan büyük bir şölene davet etti. O zamanlar halkın dikkatini başka bir tarafa çekmek için işlerin böyle yürüdüğü düşünülürse, bu şölen keçilerin çiftleşmesini ve bakire kızların bahar bayramında çiçeklerle süslenmiş bir direğin etrafında dans edişini seyretmekten çok daha ilginçti. Yeni şehir tarafından sahneye konan şölenin tadını çıkarmak üzere dört bir yandan insanlar geldi; hem gösteriyi seyretmek hem de Roma'daki yeni şirketin genel merkezini görmek istiyorlardı. Ziyaretçilerin çoğu ailelerini de getirdi.

Romulus, üst düzey yönetim kadrosuyla birlikte ön sıraya oturdu. Buralarda kimin borusunun öttüğünü anlamayan kalmasın diye mor toga giymişti. Hazırladığı işaret basitti, ayağa kalkıp togasının ucunu omzuna doğru fırlatınca adamlarının işe koyulması gerekiyordu. Ayağa kalktı. Silahlı ve hazır bekleyen, işareti almak için gözlerini Romulus'a dikmiş adamları da hep birlikte kalktılar. Kılıçlarını çekerek Sabinlerin üstüne çullanıp kadınları yakaladılar. Poussin'e inanacak olursak, özellikle genç ve tombul olanlarına ilgi gösteriyorlardı.

Silahsız olan zavallı Sabinlerin elinden gelen tek şey, başka bir gün savaşmak üzere kaçmak oldu. Belki de Romalılar için söylenebilecek en iyi şey Moğol ya da AOL yetkilisi olmadıklarıydı, çünkü o an için hedefledikleri işi gerçekleştirdikten sonra Sabinlerin hayatta kalmalarına izin vermişlerdi.

Bu hareketle kaç kadına el konduğu konusunda rivayet muhteliftir. Kaynaklardan biri 30, diğeri 527, üçüncü bir kaynak da 683 der. Bu kadınların hepsi bakiredir – bir tanesi, Hersilia adında talihsiz bir evli hanımefendi hariç. Ve bu, Romulus'a göre, bir hataydı. Hiçbir erkeğin karısını alma niyetinde değillerdi, sadece Roma'yı kurmaya yardımcı olacak ve sonunda şehirle komşusu arasında bir işbirliğini zorunlu kılacak kadınları istiyorlardı.

Sabinlerin elleri kolları bağlıydı. Muhtemelen artık bakire olmayan kız çocukları Roma'nın egemenliği altına girmişti. Bu yüzden Sabin'in üst düzey yönetimi gururlarını hiçe sayarak diplomatik görüşmeler yapmak üzere Roma'ya gitmeyi göze aldı. Soruna adil bir çözüm önerdiler: Roma kadınları geri verecek, hem Sabinlerin hem de Romalıların lehine bir antlaşma yapılacaktı.

Romulus, "Yok ben almayayım," dedi. Kadınlar onda kalacaktı, ancak başka konularda anlaşmaya karşı değildi. Uzun uzun tartıştılar, Sabinler düşünüp taşındı, hatta Roma'ya zaten hiç de iyi olmayan niyetlerle saldırmış olan karşı taraf generallerinden biri aracılığıyla Romulus'u devre dışı bırakma girişimleri bile oldu. Romulus ve ordusu, Acron ve ordusuyla şirket genel merkezinin biraz dışında, banliyödeki bir konferans merkezinde karşı karşıya geldi. Romulus'un bir teklifi vardı. "Hey!" dedi, "bütün bu iyi adamları niye öldürüyoruz ki? Seninle yumruk yumruğa dövüşelim, iyi olan kazansın..." Öbür adam da kabul etti. Romulus bunun üzerine dindar bir adam olduğu için yapmayı çok sevdiği gibi tanrılardan yardım istedi ve karşısındakini bir vuruşta yere serdi. Sonra ikinci bir iş olarak Acron'un ordusunu yendi, şehrini de fethederek yakıp yıktı. Çok az kişiyi öldürdü. Evsiz kalanlara gidebilecekleri tek bir yer bıraktı: Roma.

Dünya standartlarında bir şirket işte böyle kurulur.

Doğru, Sabinler bazı şehirlerinde savaşmaya devam ettiler. Büyüyen kaynaklarıyla ve kader anlayışıyla Roma'nın istediği de buydu. Fidenae, Crustumerium ve Antemna'daki Sabinlere bağlı olan iştirakler kültürlerine karşı düzenlenen kurumsal istilaya karşı birleştiler, yenildiler, tüm mal varlıklarından vazgeçtiler ve Romalılara dönüştüler. Başlangıçta gönülsüz Romalılardı, daha sonra bilinen dünyanın en büyük oluşumu olan ve yükselişte olduğu açık seçik görülen Roma'nın kıvançlı vatandaşları haline geldiler.

Sonradan anlaşıldı ki Romulus canı isterse o kadar da kötü bir adam olmayabiliyormuş. Sabinlerden zorla aldığı toprakları ve mal varlıklarını mevcut Roma vatandaşları arasında paylaştırdı – böylece fethedilene de sahip olmak istediği bir şey vermiş oluyordu. Düşmanca devir sırasında kızlarını kaybedenlerin toprakları hariç tutulmuştu. Bu ailelerin mal varlıklarını ellerinde tutmalarına izin verilmişti.

Yine de öfkeli Sabinlerden oluşan, kalabalık sayılabilecek bir topluluk dişini sıktı, örgütlendi ve bir kez daha Roma'ya karşı saldırıya geçti. Direniş iyi başladı. Sabinler, casusları ve şaşırtmacaları kullanarak Capitolino Tepesi'nin kontrolünü ele geçirmeye çalıştılar. Bu Romulus'u kızdırdı tabii, ancak burnundan solumak ve bütün savaşların en büyüğüne hazırlanmaktan başka bir şey gelmiyordu bu aşamada elinden. Savaş hemen başladı. Sabinler başta çok adam kaybetti, ama savaşmaya devam ettiler. Sonra Romulus'un kafasına bir taş geldi ve Romalıların amaçlarına ulaşması şüpheli görünmeye başladı. Tam tepeden aşağı sıvışmak üzereydiler ki Romulus uyandı, ellerini gökyüzüne doğru kaldırarak ev sahibi takımın yüzünü kara çıkarmaması için Jüpiter'e yalvardı. Bu işe yaramışa benziyordu; her iki taraf da az sonra olacaklara, yani daha çok ölüme, daha çok kan dökülmesine, onlara kulak veren ya da vermeyen tanrıları harekete geçirmek üzere daha çok yakarışa hazırlanmak için bir adım geri çekilene kadar şiddet devam etti.

Sonra ilginç bir şey oldu, iş dünyasında bir hayli alışılmış olan ama kendini ilk kez bu birleşmede ortaya koyan bir şeydi bu. Cebren ve vahşice ele geçirilmiş Sabin kadınları, hepsi de öfkeli Sabinler olan babaları ve erkek kardeşleriyle onlara zorla el koyan ve artık kocaları, çocuklarının babaları olan adamlar arasında buldular kendilerini. Savaşın sona ermesi ve tabii ki kendilerinin keyfini sürmeye gelenlerin cinsel lütuflarından vazgeçmeleri için ağlayıp inleyerek yalvardılar.

Ve böylece savaş sona erdi. Romulus ile Sabinlerin adı Titus Tatius olan başı eşbaşkan olarak şirketi birlikte yönettiler. Ta ki, en iyi arkadaşlar arasında bile bazen olduğu gibi, Titus Tatius savaşta şüpheli bir şekilde öldürülene kadar.

Bu "Sabin kadınlarının ırzına geçilmesi" olayı, dostane olmayan bir ele geçirmenin tüm özelliklerini içerir. Aralıksız savaşa ve sinerjistik olmayan kronik bir işlev bozukluğuna yakalanan büyük çoğunluğun aksine, başarıya ulaşan bir yönetimi ele geçirmedir bu – tıpkı yalpalayarak gözden düşen şirketten bir Frankenstein yaratmayı başaran CEO Harold Geneen'in tüm dahice hamlelerinden sonra ITT'nin çözülmesi gibi. İyi olanlar farklı görünür ve Sabin modelini bayağı yakından takip eder.

Birinci Adım: Tecavüz. Alıcı taraf, başka bir varlığa el koyarak ve onu alanının dışına taşıyarak kendi altyapısındaki bariz bir açığı kapatmak üzere hareket eder. Bu yolla HP Compaq'i almış ve şirin, başlangıç düzeyinde, vasat bilgisayarlar yapma kabiliyetini kazanmıştır. Bu olmasaydı HP'nin işleri bozulurdu; olunca hisselerinin değerini yükseltmeye ve gerçek bir Romalı tarzında gündemde kalmaya devam edebildiler. HP'nin Compaq çalışanlarına muamelesi Roma'nın Sabinlere muamelesinden biraz daha az insancıldı tabii.

İkinci Adım: Bir sürü savaş. HP'de uzun bir süre boyunca şirketi ikiye bölen bir iç çığlık yükseliyordu. Benim eski şirketim 1980'lerin başında gayet düşmanca tavırlar içinde olan bir trol sürüsü tarafından alındı. Onları hiç sevmedik ve tüm o McKinsey saçmalıklarıyla işbirliğine girmedik. Ta ki ağzı laf yapmayanın iş yapma şansını da elde edemeyeceği net bir şekilde ortaya çıkana kadar.

Üçüncü Adım: Cinsel ilişki. Bu aşamada, Sabin kadınları gibi, bizi ele geçirenlere âşık olduk. Onların rehabilitasyon merkezlerine gittik. Mükemmellikle ilgili yaptıkları aptalca toplantılarına katıldık, kuruluş şemaları üzerine kafa yorduk ve çok geçmeden Biz ve Onlar olarak ikiye bölünmez olduk. Hepimiz bölünmekten bıkmış, kurallara uymaya hazır, büyük bir insan kitlesiydik artık.

Dördüncü Adım: Evlilik. Derken, sadakatle bağlı olduğumuz liderimize iri bir unvan ve büyük bir güç verildi. Tıpkı Sabinli Titus Tatius'un kendini Roma'nın eşbaşkanı olarak bulması gibi, en azından bir süreliğine. Yeni şirketin koynunda gayet mutluyduk. Eski adamların ellerinde oynamak için bizim gelirlerimiz ve operasyonlarımız vardı. Tabii ki bizim küçük Sabin köyümüz yok olup gitmişti ama sonuçta her şey bir gün yok olur, öyle değil mi? Roma bile!

Titus Tatius'un ölümünden sonra ve kendi döneminin geri kalanında Romulus tek başına çalıştı – söylentilere göre bir fırtınada ortadan kaybolduğu güne kadar. Ve cennete taşınarak orada tapılacak bir tanrıya dönüştü. İyi ya da kötü, tüm dünyaya hâkim olan şirketlere kendi karakterlerinden kalıcı bir iz bırakan liderlerden Thomas Watson'a, Sam Walton'a, Walt Disney'e ya da Ronald Reagan'a taptığımız gibi.

ÜÇÜNCÜ BÖLÜM
Cumhuriyet: İyi Yönetilen Şirkete Övgü

Romulus'tan sonra Büyük Adam'ın topraklarını genişletme ve bilinen dünyada kültürel hâkimiyet kurma ülküsünü devam ettirme konusunda iyi iş çıkaran bir sürü başka CEO geldi. Bunların içinde iyi olanlar da vardı, kötü olanlar da, ancak tüm yetkileri kendinde toplayarak başkanlık makamını yeri doldurulamaz hale getirecek kadar kontrol sahibi olan çıkmadı. Nihayetinde yönetim merkezi şirketi orta kademedeki yöneticiler kadar etkili bir şekilde bir arada tutamadı ve Cumhuriyet doğdu.

Romulus'un ardından gelen adamlar, George Washington ya da Steve Ross'un altında görev yapanlar gibiydi. Büyük işler başardılar tabii, ama ulaşabilecekleri en yüksek nokta, liderin gölgesi altındaki ikinci adam olmaktı. Yaptıkları işin büyük bir kısmı Patron tarafından kurulan ana markanın çizgisini ilerletmekti.

Çok meşgullerdi. Sakın yanlış anlamayın, Romalılar her zaman meşguldür. Herkesinki kadar anlamlı olan dinlerini icat ettiler ve bugün Çinlilerin yaptığı gibi yazarlarından, yani Yunanlardan telif hakkı anlaşması yapmadan içerik ödünç aldılar. Büyük ihtimalle Smith Vakfı'ndan önce tarihteki en büyük vakıf olan, çok sayıda bakireyi barındıran Vesta Rahibeleri Evi gibi müthiş kurumlarından bazılarını inşa etmek için yeniden yatırımlar yaptılar.

İlerleyen yıllarda krallar Roma'nın erişim alanını tüm Latium'u kapsayacak kadar genişlettiler ve şirketin küresel kaynaklara ve fetihlere açılmasını sağlayacak limanları kurdular. Çok geçmeden Etrüsk liderliği devreye girdi ve bir süre boyunca bir hayli iyi iş çıkardılar. Etrüskler çok gizemliydi. Onlar hakkında çok şey bilen yoktur. Roma'yı idare ettikleri sıralarda Tarquinius adında birçok kral görürüz. Şimdi kullanılmayan bu isim o zamanlar bayağı popülerdi. İlk kral, Tarquinius Priscus, ilk önemli tapınakları yaparak, daha da önemlisi, ilk kanalizasyon şebekesi olan Cloaca Maxima'yı yaparak tarihe damgasını vurdu. Circus Maximus'la topluluklara kaliteli bir aile tarifesi sunmuş olan yeni şirketin, tüm medeni varlıkların bizim zamanımızda bile öncelikli ihtiyaçlarından ikisini çok iyi anladığını görürüz: İstedikleri gibi eğlenme arzusu ve uzun bir günün ardından insanların kafa dinleyebilecekleri, iyi kokan bir yer.

Ama bir dakika! Etrüskler için işler tam tıkırında giderken sahneye yine hakiki bir Romalı çıktı: Servius Tullius. Latin orta kademe yöneticilerin kendi adamları ortaya çıkınca nasıl bir sevinç yaşadıklarını tahmin edebiliyor musunuz? Yönetici katına kadar çıkan bu Tullius, Etrüskleri dışarıda bırakacak büyük bir duvar ördü hemen. Tıpkı 1980'lerde CBS'teki adamların etraflarını Tische'lerle çevirerek Ted Turner'ın saldırılarını geri püskürtmeye çalışmaları gibi. Görünüşe göre bu o zaman da çok işe yaramadı, çünkü MÖ 534 civarında başa geçen sonraki kral da yine bir Etrüsklü oldu: Tarquinius Superbus. Kendini Superbus olarak adlandırmasından anlaşılacağı gibi o da büyük bir inşaatçıydı. Kendi zamanımda bir sürü egomanyak tanıdım, ama hiçbiri kendini bu kadar becerikli bir şekilde markalaştırma küstahlığını göstermemiştir.

Etrüsk medeniyetinin ve Superbus'un büyük talihsizliği, kaba saba oğlu Tarquinius Sextus'tu. Onun ihtirasları kalıcı bir rejim değişikliğine yol açtı.

Olaylar şöyle gelişti: Bir gün, Roma'nın Etrüsklü kralı Superbus'un oğulları o dönem ordunun kuşattığı Ardea şehrinde aylak aylak geziniyordu. Kuşatmanın sıkıcı bir iş olduğunu gören gençler ne yapacaklarını şaşırdılar ve ilk Paleolitik kafatasına ilk taşın çarptığı günden bu yana şirket çalışanlarının konuştukları şeyler hakkında konuşmaya başladılar. Ve elbette içki içiyorlardı.

Bir arkadaşlarının zengin bir arkadaşının evinde güzel bir akşam yemeği yedikten sonra karınları tıka basa doymuş, sarhoş bir haldeyken karıları hakkında konuşmaya başladılar. Her biri doğal olarak kendininkini yere göğe sığdıramıyordu. Sonunda iyi bir genç adam olan

Conlatinus adlı ev sahibi –kralın oğlu olmadığını belirtmek gerek– şöyle dedi: "Karılarınızın çok erdemli olduklarına eminim ama kimse bu konuda benim karımın eline su dökemez. Kuşkunuz varsa şu kocaman atlarımıza atlayalım ve her birine sürpriz bir ziyarette bulunarak neyin ne olduğunu görelim."

Böylece, elinden her iş gelen, güçlü kuvvetli Roma delikanlıları olan kralın oğulları ve işçi sınıfından ev sahibi yola koyuldular ve her biri zil zurna sarhoş bir vaziyette kendi karısının karşısına çıkıverdi. Atlılar evlerine doğru giden dolambaçlı yola girdiklerinde Roma tepelerinde hava kararmak üzereydi. Roma kralının gelinlerinin evinde, her bir kadını geceyi şehir merkezinde geçirmek üzere hazırlık yaparken buldular. O günlerde bu, saçlarını yapmaları, kutsal yağlar sürmeleri, ziyafete hazırlanan yetişkin ahbaplarıyla takılmaları gibi şeyler anlamına geliyordu.

Conlatinus'un evinde durum farklıydı. Gece çökmüş olduğu halde, erdemli karısı Lucretia hatun oturmuş yün eğiriyordu. Bu, büyük ihtimalle o günlerde Romalı eşlerin başlıca ev işlerinden biriydi. Lucretia, tırnaklarını boyayarak ona buna laf yetiştiren zengin yeniyetmelerle sürtmek yerine avlunun ortasında hizmetçileriyle birlikte çalışıyordu.

Tabii ki herkes Conlatinus'un erdemli karısından çok etkilendi ve onu küçük oyunlarının galibi ilan ettiler. Galibin üzerine düşen görev, kralın oğullarını içki âlemine devam etmek üzere davet etmekti. Mükemmel genç eş aynen öyle yaptı. Her ne kadar, kocasının sarhoş arkadaşlarını gecenin umulmadık bir saatinde eğlendirme beklentisi karşısında büyük ihtimalle biraz tedirgin hissetmiş olsa da.

Genç adamlar *cribbage* ya da halka atma oynayarak ya da video oyunları keşfedilmeden önce sarhoş Romalı istilacılar ne yapıyorsa onu yaparak evde birkaç saat geçirdikten sonra kampa döndüler. Gerçi ev sahiplerinin ikametgâhındayken kralın oğlu Tarquinius Sextus dostunun karısından çok hoşlanmış, Lucretia'nın hem güzelliği hem de iyiliği karşısında heyecanlanmış ve daha sonra geri gelip bunu mahvetmek için bir şeyler yapmaya karar vermişti. Zevk gecesi sona erince kampa dönüp kendi kusmuklarının içinde uyuyakaldılar; o günün tarzı buydu, tıpkı bugün pek çok üniversite kampüsünde olduğu gibi.

Birkaç gün sonra yaramaz prens yanına arkasını kollayacak cana-yakın bir arkadaşını da alarak Conlatinus'un evine gitti. Saygıdeğer Lucretia tarafından nazikçe karşılandı. Kadın, kocasının ofiste olduğunu söyledi, kralın oğlunu bir şeyler atıştırması için içeri davet etti ve ona misafir odasında kalacak yer gösterdi.

Gecenin bir yarısı, herkesin uyuduğundan emin olan genç soylu kılıcını çekti, ev sahibesinin iffetli odasına girdi ve sert, soğuk silahının ucunu kadının sol göğsüne dayadı.

Aralarında bir konuşma geçti; bir tarafta ısrarlar ve ölüm tehditleri, öbür tarafta sağlam ve haklı bir direniş vardı. Ta ki kralın dölü etkili bir iddiada bulunana kadar. "Boyun eğmezsen," dedi, "seni öldürüp çıplak bir hizmetçinin cesedinin yanına yatıracağım ki herkes zina yaparken öldüğünü sansın." Bunun üzerine Lucretia, muhtemelen muhatabının kralın oğlu olduğunu ve ona itiraz etmenin zor olacağını da düşünerek pes etti.

Soylu tecavüzcü oradan ayrılınca, anlaşılabilir bir şekilde kendini kaybetmiş ve altüst olmuş haldeki Lucretia hem babasını hem de kocasını çağırttı. Onu odasında, yitip gitmiş namusuna hıçkıra hıçkıra ağlarken buldular. Lucretia onları görünce neler olduğunu, gösterdikleri konukseverliğe namuslarını kirleterek karşılık verenin kim olduğunu anlattı. "Bedenim kirletilmiş olsa da kalbim hâlâ saf ve temiz, ölümüm bunu kanıtlayacak," dedi ve ekledi: "Gerçek birer erkekseniz benim kederim onun da kederi olur."

Kocasıyla babası onunla tartıştılar, beden bunu istemeden yaparsa ruh lekelenmez, dediler. O güne kadar ve o günden sonraki birçok tecavüz kurbanının acısını dindirmeyi başaramamış bir düşünce bi-çimiydi bu.

"Kendi suçsuzluğumu ispatlayacağım," dedi Lucretia, "ama cezadan muaf tutmayacağım. Hiçbir kadın kendi namussuzluğunda Lucretia'yı örnek almayacak."

Sonra da o zamanlar birçok Romalının kolayca yaptığı bir şeyi yaparak elbisesinin altından bir hançer çıkarıp kalbini ikiye kesti ve kendisini seven adamların feryatları arasında öldü.

Kurumsal tarihimizi burada bir dakikalığına kesip bu kültürün insanlarının bu keskin objeleri, bırakın tamamen yabancı birine, kendilerine nasıl saplayabildiklerini anlamaya çalışacağım. Sizi bilmem, ama ben tıraş olurken kendimi kesince rahatsız oluyorum ve bir şekilde kanımı görünce paniğe kapılıyorum. Ancak ne kadar kısa olursa olsun Roma tarihinin herhangi bir kesitinde ilerlerken kendi göğüs kafesine soğuk bıçağı saplamayan, kendi boğazını boydan boya hançerle kesmeyen bir vatandaşa rastlamak imkânsız. Bu tür yeteneklerin tarihin derinliklerinde yok olup gitmiş belli bir eğitim sırasında edinilmiş olması gerekiyor. Galiba insanlar artık ölene kadar içiyor ya da çok çalışıp erken mezara giriyor, hatta rastgele bir ofis binasından aşağı atlıyorlar. Ancak Romalıların kendilerini ve başkalarını bıçaklama ve doğrama hevesi –hayır, eğilimi– şirketin başarısında kesinlikle çok önemli bir etkendi.

Her neyse, Lucretia'nın tecavüze uğraması, ardından da intiharı bir sembol ve devletin toptan yeniden yapılanması için itici bir güç haline geldi. Lucius Iunius Brutus, yanındaki Conlatinus dostu olduğu için bıçağı Lucretia'nın göğsünden çıkarıp ucundan kan damlar vaziyette havaya kaldırarak kısa bir konuşma yaptı: "Prensin işlediği suçtan önce gayet saf olan bu kanla, ey tanrılar, sizin önünüzde ant içiyorum ki, kralı, suçlu karısını ve bütün çocuklarını ateşle, demirle, elimin altındaki her türlü yöntemle kovalayacağım ve bundan böyle Roma'da, ister o aileden olsun ister başka bir aileden, hiçbir krala asla göz yummayacağım."

Böylelikle, kabul edilemez bir eylem, toptan reformun yolunu açmış oldu. İnsan aynı şeyin Tyco, New York Borsası, hatta General Electric'te de olmasını dileyebilir. Geleceğin tarihçileri için daha az ilgi çekici olsa da, bu şirketleri belki daha üstün değil ama benzer bir bilgelikle yönetebilecek oldukça etkili, karizmatik liderler bürokrasi tarafından yerinden edilmiştir.

Boston Çay Partisi genç Amerikan burjuvazisi için ne ifade ediyorsa, Lucretia'nın öyküsü ve bundan çıkarılacak ders de Romalılar için aynı anlama geliyordu; babadan oğula geçen tiranlığın gücü karşısında karşı bir onur ve adalet çığlığıydı.

Geçmiş, mutlak boyun eğişlerle doluydu. Şimdi önlerinde insanlarla değil yasalarla, kanla değil müzakereyle şekillenecek bir gelecek duruyordu ya da öyle olduğunu ümit ediyorlardı. Bu yazgıya, anlaşılabilir bir raporlama sistemi ve net kuralları ve ilkeleri olan rasyonel bir örgütün kurulmasıyla ulaşacaklardı, lanet olsun.

Böylece Roma krallarından kurtuldu ve bir yığın işin yapılmasını sağlayan akılcı bir yönetimle beş yüz yıllık bir altın çağa girdi. İlk olarak Romulus tarafından kurulan Senato, yeni kurumsal girişimin kalbiydi. *Senatus*, Latincedeki *senex* – "moruklar" – kelimesinden gelir. Senato gerçekten de "moruklar meclisi" dir. Benim yönetim kuruluma, büyük ihtimalle sizinkine de bayağı uyan bir tariftir bu.

Senato en başta, bildiğimiz gibi, yüz patriciden oluşuyordu; yönetici sınıfı seçmek ve bunları şirketin üst düzey yönetiminin gönüllü ve evcilleştirilmiş bir parçası haline getirmek için harika bir yöntem. Bir süre sonra aristokrat olmayanlar da bünyeye alındı. Bugünlerde sadece mantar kafalı, gri sakallı yaşlıların değil, şirket içi üst düzey yönetimin de yönetim kurulu toplantılarında yer almasının istenmesine benzer bir şey. Avam kamarası, alt tabakadaki çalışanlar adına konuşuyor, bazen de ünlü ve oldukça etkili bir çeteye dönüşerek onlar tarafından yönetiliyordu.

En önemlisi de Senato, üst düzey yasal şahsiyetler olan şirket konsüllerine olağanüstü koşullarda bir diktatör belirleme yetkisi vermişti. Olağanüstü koşullar, çoğu kez öyle ya da böyle orduyu işin içine sokuyordu. Bu da Cumhuriyet birkaç yüzyıllık olana kadar sürekli bir duruma dönüşen savaş zamanlarında diktatörlük için yasal bir çerçeve yarattı.

Zengin-fakir tüm Romalılar Senato'larına tapıyordu; onu korumak için ölmeye razıydılar. Senato düşerse ya da yıpranırsa ya da parçalanırsa bunun tüm şirketin, özellikle de zorla başa gelerek kutsal tacı giyen bir krala itaat etmek istemeyen tüccar sınıfı ile hali vakti yerinde diğer çalışanların aleyhine olacağını biliyorlardı.

Herkesin gördüğü plili kumaşlar içindeki ilk adamın önüne yattığı anlamına gelmiyordu bu. Kaymak tabakadakilerin gücüne sahip olmak isteyen birçok kişi vardı. Senato hâkimiyetine ilk meydan okuma,

CUMHURİYET: İYİ YÖNETİLEN ŞİRKETE ÖVGÜ | 37

çeşitli yönetim grupları yeni, kralsız hiyerarşik düzende işlerin nasıl yürüyeceği üzerinde çalışırken, içeriden geldi. Sorun, genel ekonomik durumdu. İşler o kadar kötüye gidiyordu ki halk zenginlere sürekli borçlanıyordu. Borcun en büyük cezası da bugün olduğu gibi arabanıza haciz konması ya da kibarca iflasınızı ilan etmeniz değildi. Roma'da borçlular köle olarak satılırdı. Bağlantıları ve soy ağacı olmayanlara sunulan çok az korunma imkânı vardı ve şirketin zor durumdaki çalışanları ile aristokrat olmayan orta düzey yöneticilerinde görülen tedirginlik azımsanmayacak orandaydı. Şimdi de aynı kesim güçlü bir merkezi yönetimin yokluğunda, kendileri için en az eskisi kadar tehlikeli olan yeni patronlarının korumasına ihtiyaç duyduklarında aynı tedirginliği yaşıyor.

"Pleb" kelimesi, mahalle meyhanesinde çizik içindeki meşe bir masanın etrafına dizilmiş, bir hayvanın butunu yiyen ve dişini yabayla karıştıran adamların görüntüsünü getiriyor akla. Bütün bunlar tamamen kelimenin çağrıştırdıkları, ancak bu grup, toplumsal hiyerarşide fark yaratmış bir ailede dünyaya gelmemiş bir grup insandan oluşuyor. Aristokrat olarak doğmadıysanız plebdiniz, işte o kadar. Toplamayı başarabileceğiniz paranın miktarı bir fark yaratmazdı. Bugün bir Bombay vatandaşıysanız, koca bir para destesi kast sisteminde bir üst sınıf üyeliği satın almanızı sağlamaz. Queens'te yaşayan zengin bir halı tüccarının kızı da aynı şekilde sosyeteye kabul balosunda takdim edilme hakkını satın alamaz. Siyasi gücün elde edilmesi söz konusu olduğunda antik Roma'da bir külçe altın bile hiçbir şey ifade etmezdi. Bu nedenle çoğu zengin toprak sahipleri, askerler, mühim tüccarlar, sizin benim gibi insanlar olan plebler ne tür bir avantaja sahip olabileceklerine bakıyorlardı.

Avantaj, her yerde ve her zaman işçilerdeydi, harcadıkları emeğin özgül bir ağırlığı vardı. Şirketin can bulmasını mümkün kılan askerler, denizciler, tüccarlar ve zanaatkârlardı bunlar. Patronlar işlerini yaptıracak birini bulamadıklarında onların misyonunu zor da olsa anlarlar. Pleblerin çoğunun aslında Senato'daki yöneticiler kadar çok paraları ve bu parayı kullanma araçları vardı. Binlerce yıl sonra Amerikan devriminde olduğu gibi, bu lümpenlerin başkaldırısı değildi. Bu, sermaye demokrasisinin devletin yönetilme biçiminde bir dereceye kadar ifade bulacağının açıkça beyan edilmesiydi. Ayrıca istedikleri zaman işi bırakabilirlerdi ve devam eden yatırımlar, inşaatlar, yağmalar ve kamu projeleri durma noktasına gelmesin diye üst yönetimin ciddi bir güç olan bu kesimle mücadele etmesi gerekirdi. Peki ya sonra? Sürekli bir heyecan ve büyüme varsayımı üzerine inşa edilen Roma AŞ'den eser kalmazdı.

MÖ yaklaşık 500 ila 300 arasında Cumhuriyet, orta yönetim kadrosundan gelen beş grevle sarsıldı – "sınıflar çatışması" olarak bilinen olaylar. Birincisinde plebler hep birlikte Roma'dan ayrıldı ve şirket merkezinin birkaç kilometre ötesindeki bir tepeye yerleştiler. Bu, yönetim kademesini ciddi bir sorunla karşı karşıya bıraktı. Ya statükoya bağlı kalıp ciddi bir gelir kaybına uğrayacak ve aristokratik yaşam kalitelerinde düşüş yaşayacaklardı ya da grevdeki işçilerle, ileride kendi iktidarlarında büyük ve ciddi bir sarsıntıya yol açmadan işe geri dönmelerini sağlayacak bir anlaşmaya varacaklardı.

Başka bir deyişle Roma, çokuluslu şirkete ek olarak, bu şirketin altyapısını değişime zorlayan bir araç olarak grevi de icat etti.

Pleb birliğinin liderleri güçlü, görmüş geçirmiş adamlardı. Romalı erkeklerin çoğu gibi bu grubun da büyük bir çoğunluğunun ordu geçmişi vardı. Savaşta örgütlenme deneyimleri vardı. Fazla bir yara almadan grevi devam ettirmelerini sağlayacak paraları vardı. Bazı bakımlardan şirketi yöneten adamlardan daha güçlüydüler. Dişli rakiptiler, Roma'nın yönetici sınıfının onlarla ilgili bir şeyler yapması gerekiyordu.

Böylece şirket, kendi sınıfının üstünlüğüne ciddi bir tehdit oluşturmayacak şekilde, değişim yanılgısı yaratan bir dizi reform başlattı.

• Pleblere toplantı yapma, Senato'nun yönetim kuruluyla pazarlık edecek ve orta düzey yöneticilerin ihtiyaçlarını ve konumunu duyuracak lideri seçme hakkı tanıdılar.

• Şirketin tüzüğünü açıkça ortaya koyan, akılcı bir yazılı belge oluşturulmasını onayladılar.

• Pleblere kendi alt sınıflarının başkanını seçme hakkı verildi. Bunlar yüksek rütbeli subaylardı ve bölünme tehdidi kolalı togalar içindeki adamlar tarafından görünür hale getirilene kadar zaman içinde bazı ciddi güçler geliştirdiler.

- Pleb lideri aynı zamanda kendi sınıfının bir tür ombudsmanıydı ve halkın adamı olmak, özel şikâyetleri olanlarla irtibat kurmak ve bu sorunların büyükler tarafından bilinmesini sağlamak gibi sorumlulukları vardı.

- Lider Senato yönetim kurulunun yürürlüğe koymak istediği herhangi bir şirket yasasını veto da edebilirdi. Bu, halk liderliği rolünü Alan Greenspan ya da Sarbanes ve Oxley beyler gibi adamlara vermediğiniz sürece günümüzde hemen hiç bilinmeyen bir şey olan yönetimin kötüye kullanılmasına karşı geçici bir tedbir sağlıyordu.

Bugün insanların yatıştırıcı etkisi, Roma'da olduğu gibi şirketin kendi bünyesi içinde değil, hissedarların ve bazen gürültücü olan vekillerin kolektif ağırlığında ifade buluyor. Bu vekiller, ancak kuruldaki patricilerin yoldan çıktıklarını hissederlerse isyan edip *Wall Street Journal*'la ya da espri anlayışından uzak bazı başsavcılarla konuşmaya razı oluyorlar. Bunun zarif hasmınızı bir sopayla sokakta kovalamak kadar tatmin edici olmayacağı besbelli, ama özellikle bugünlerde, medyada görünmek bu kadar prim yapıyorken en az onun kadar etkili bir yöntem.

Halkın liderleri, kendilerinden aşağı olan sınıfla, ayaktakımıyla da yakın temas halindeydi; alt tabaka bir şeyden rahatsız olduğunda yatıştırılmasını sağlıyorlardı. İhtiyaç halinde bu sınıfın da iktidar yapılarına seslenmek için bir araç olduğunun farkındaydılar.

Romalılar, kendi aristokrasileriyle yönetilmekten hoşlanıyorlardı. Bu seçkinler kulübüne giriş hakkı kazanmayı denemediler bile, en azından uzun bir süre boyunca. Sadece yönetme eyleminin bir parçasını istediler ve aldıkları da tam olarak buydu. Patronlardan çok daha az ama sosyal yapıyı dengelemeye ve kentteki tüm sınıfların Roma'nın işlerini sürdürmesine yetecek kadar bir güç. Dünyanın geri kalanına karşı yüzünü, genellikle kendiyle barışık, birleşik bir kurum olarak gösterirken, bir yandan da başka herkesle savaş halinde olmaktan memnun bir kent.

Tüzüğün işlemesini sağlamak için MÖ 451'de Senato herkesin kabul edebileceği basit bir kanun hazırlaması için on patrici tayin etti. Romalılar düzene ve onlu gruplar halinde olan şeylere çok düşkün oldukları için aristokratlar on levhayla çıkageldiler. Görünüşe göre bu düzenlemelerin aristokratik kaynaklarının her biri tek tek yazılmıştı ve hemen sonrasında beş üst düzey yönetici ile beş büyük plebin de dahil olduğu bir komite ile birlikte ek bir çaba daha gösterildi. Bu grup iki levha daha ekleyerek şirket tarihinin ilk kanun belgesi olan Lex XII Tabularum'u [On İki Levha Yasaları] tamamlamış oldular. On kadar şık bir rakam değildi belki bu, ama elden ne gelir! Halka gösteriş ve zenginlik sergileme ve bu yolla bir toplum yaratma dehalarını kullanarak levhaları altın ve gümüş üzerine yazıp herkesin görebileceği bir yere astılar.

Bütün bunlar olurken, bu yönetim zihniyetinin devam etmesi teşebbüsünde bulunanlar için çok şaşırtıcı ve öğretici bir gelişme yaşandı; cumhuriyetçi davranış kurallarını icat etme işinin verildiği on büyük kanun yapıcı, bütün bunların canı cehenneme deyip Roma'yı Cumhuriyet'ten daha iyi yöneteceklerine karar verdiler. Bileğinin hakkıyla seçilen konsüller yerine mutlak güce sahip diktatörler olarak yönetime geçeceklerdi. Bu yüzden MÖ 449'da plebler bir kez daha genel greve gitmek zorunda kaldılar, hayatı durdurdular ve daha akılcı bir hükümete geri dönülmesini sağlamayı becerdiler.

On İki Levha, haşmeti ve etkisi bakımından Hammurabi Kanunları gibi güçlü ve güzel değildir. Amerika'nın kurucu ana-babalarının bizim şirketimizin doğru bir başlangıç yapmasına yeteceğini umduğu o yavan Konfederasyon Maddeleri kadar bile iyi değildir. Şimdi bize biraz tuhaf ve dar görüşlü geliyor, ama biz kimiz ki konuşuyoruz? On İki Levha, bütün Romalılar için doğru davranış kurallarını düzenleyerek toplumu kendi kendisiyle barış halinde tutma konusunda, dünyaya barış getiren, uluslar inşa eden bizlerden çok daha uzun ömürlü, iyi bir iş çıkardı.

İşte On İki Levha'dan bazı satır başları. Biraz Vahşi Batı'daymış gibi bir his yaratıyor, değil mi?

• İnsanları sadece yasal mahkemeler ölüm cezasına çarptırabilirdi. Serbest ceza infazına izin yoktu.

• Niyetin seviyesine bağlı olarak cinayet biçimleri arasında ayrımlar vardı; belli başlı cinayet biçimleri için cezalar, ekinlerin çalınması için verilen cezadan çok daha hafifti. 1875'te Colorado'da bir atın çalınmasının bir Kızılderilinin öldürülmesinden daha ciddi bir suç sayılması gibi.

- En yüksek faiz oranı uygulanacak ve bir alacaklı sadece ona borçlu olduğu için birini öldüremeyecekti. Mahkemenin borçluluk halini onaylaması gerekecek ve borçlu olan kişinin borcunu ödemesi için otuz günü olacaktı. Bu sürenin sonunda ödemezse köle olarak satılabilecek ve karşılığında aldığı para alacaklıya verilecekti.

- Hırsızlık yaparken yakalananların hakkından iki şekilde gelinmesi gerekiyordu. Köleler kırbaçlandıktan sonra Tarpeian Kayalıkları olarak bilinen bir uçurumdan aşağı atılarak öldürülecekti. Özgür insanlar kırbaçlandıktan sonra kimden çaldılarsa ona ödeme yapmak zorunda kalacaklar, gerekirse çalışarak borçlarını ödeyeceklerdi.

- Ekin hırsızlığı yapanlara ölümüne dayak cezası verilebilirdi. Bu, başka bir vatandaşa iftira atmanın da cezasıydı.

- Kamu sağlığını iyileştirme hamlesi olarak hiçbir cenaze töreni şehir surları dahilinde yapılmayacaktı.

- Mülk sahipleri arazilerinin sınırlarındaki yolların bakımından sorumlu olacaktı.

- Patrici ve pleblerin birbirleriyle evlenmeleri yasaktı.

- Başka bir Romalıya saldırı suçundan dolayı patriciler pleblerden daha hafif cezalar alacaklardı. Bir köleye saldırı neredeyse suç bile sayılmıyordu.

- Cadılara herhangi biri için büyü yaptırmak yasalara aykırıydı, aynı şekilde kişinin kendisinin büyü yapması da yasaktı.

- Bir kişi, komşusunun arazisinden kendi arazisine doğru sarkan bir ağacın dalını kesme iznine sahipti.

Nuh nebiden kalma kaygıları ve adalete çok kaba bir yaklaşımı olan On İki Levha, bizimkinden ince bir fark içeren ama yine de bize çok tanıdık gelen başka bir kurumsal kafa yapısını ortaya koyuyor. İki bin beş yüz yıl önce komşuların arazileri arasındaki çirkin bir ağaç dalını ne yapacakları üzerine tartıştıklarını bilmek biraz duygulandırıyor insanı.

Kanun altında birleşen, her düzeyden hem yönetici hem de çalışanların şirkete yürekten inanmasını sağlayan mekanizmalarıyla Roma, tek bir kuvvetli yumruk gibi dünyaya açılıp o zamanlar kendi kişilik hakkı olarak gördüğü diğer uygar markaları almaya ve ayrıcalıklı bir şekilde yönetmeye hazırdı.

Tüm rakiplerinin üzerinde egemenlik kurmanın sadece haklı ve doğru değil, aynı zamanda Roma'nın doğası gereği olduğu konusunda şirketin her seviyesinde temel bir fikir birliğine varılmıştı. Tıpkı nispeten daha yeni bir küresel imparatorluğun piyasadaki tüm işletim sistemlerini ele geçirmek gibi kesin bir hedefinin olması gibi. Ancak Microsoft'un tersine, yeryüzünde bunu durdurmayı başarabilecek tek bir güç bile yoktu. Yine de denediler, hem de herkes.

Cumhuriyet yılları boyunca Roma, keyifli, uyumlu, militarist bir özde birleşti. Saldırgan olarak gördüğü her yabancı ulusa kendi üst kültürünü ve yönetim şeklini götürme hakkına sahip olduğunu düşünüyordu. Fethettikten sonra çılgınca bir ulus yaratma eğlencesine giriştiler. Sonuçta, Roma tarafından ele geçirilen bölgeler işleri Roma adına yapıp, olması gerektiği gibi, merkeze rapor verir hale gelmişti.

Bu birleşik Cumhuriyet'in yürüttüğü önalıcı savaşlar için inanılmaz bir teçhizatlanma vardı. Bu savaşlar, Etrüsklerin belli bir süreye yayılan fethiyle başlayıp dışarıya taşarak tüm Latium'un egemenlik altına alınmasına kadar vardı. Veii'deki zavallı Etrüsklerin ötesinde, tepelerde yaşayan kavimler de vardı. Bunlar arasında, Shakespeare'in Coriolanus'u ele almasıyla ünlenen Volsklar ve o civarda yaşayan, yine bir Latin düşman kavim olan Aequianlar gibi birçoğu, kaynaklarını tüketip sonunda katledilmek yerine Roma'yla birlikte takılmaya karar verdi. O günleri anlatan tarihi kayıtlarda "katledilmek" sözcüğünün ne kadar çok kullanıldığını görmek ilgi çekicidir. Roma, sizi pataklaması bittikten sonra arkasını bir güzel temizler mesajını verir.

Şirketin gözü doymaz yayılmacılığı zirveye ulaştığında propagandacılar ve efsane üreticileri –iş dünyasının gelmiş geçmiş en iyi meslekleri– Roma idealini –kendini çiftliğine ve ailesine adamış, huzurlu, çalışkan asker vatandaş– daha da ileri götürmeye devam ettiler.

MÖ 457'de Roma, Algidus Dağı'nda bir Aequi karargâhıyla çatışmaya girdi. Romalılar talihsizlik eseri bir tuzağa düştüler ve bir sürüsü, evet aynen öyle, temizlemeye çalıştıkları bir tepe kavmi tarafından katledildi. Hayatta kalanlar kayalara tutunarak kurtarılmayı bekledi. Burada sahneye dürüst, çalışkan, askeri kariyeri olmayan Lucius Quinctius Cincinnatus çıktı. Cincinnatus sabanını bıraktı, kılıcıyla birlikte Roma saldırı altındayken tüm kumandanlara verilen diktatörlük yetkilerini de kuşanarak tepelere yöneldi. Kaşla göz arasında düşman kuvvetlerini yarıp kendine yol açarak tuzağa düşmüş olan Roma ordusunun başka bir gün savaşmak üzere kaçabileceği bir koridor oluşturdu.

Roma'nın erdem idealini somutlaştıran Cincinnatus, daha sonra genel merkeze dönerek diktatörlük yetkilerini iade etti ve tavuklarını beslemek üzere evine döndü. Adı Romalılar tarafından on kuşak boyunca saygıyla anıldı ve Ohio'daki çok güzel bir şehre verildi. Cumhuriyet de öyle yaptı; dünyanın geri kalanını ezip geçmek için sistematik olarak ilerlediği sırada basit, mütevazı ve özünde barışçıl olduğunu söyleyerek kendi sırtını sıvazladı.

Şirketler kendileri için böyle şeyleri hep yaparlar. Örneğin, kendilerini ekolojik süreklilik konusunda büyük bir güç olarak gören bazı şirketler arasında Exxon, Waste Management ve ağaç keserek varolan bir sürü kâğıt firması vardır.

Etrüskler, büyük şehirleri Veii'nin düşmesiyle MÖ 400 civarında iyice zayıflayınca kuzeyden yeni bir düşman akın etti, Roma'nın İtalya yarımadasındaki diğer düşmanlarına katıldı ve ciddi bir baş belası haline geldi. Bunlar Galyalılardı ve Allia Savaşı'nda şirketi korkunç bir yenilgiye uğrattılar; yeni serpilmekte olan bu oluşumun hemen oracıkta sonunu getiriyorlardı az kalsın.

Bu Galyalılar, adlarını verdikleri o çok sert sigaralardan (Gauloises) içen adamların ataları değildi. Onlar Keltlerdir ve yüzünün yarısı maviye boyalı Mel Gibson'a çok daha yakındırlar. Yaptıkları ilk iş, Orta Avrupa'dan, Tuna Irmağı civarındaki bölgeden akın edip bir süre Etrüsklerin canlarına okumak oldu. Etrüsklere iyice acımış olmalısınız.

Onlar gösterişten uzak, az şiddet içeren, daha çok sanatla ve insani bilimlerle ilgili, farklı bir oyun oynuyorlardı sadece.

Her neyse, Galyalılar İtalya'ya girdiler ve akıllıca bir iş yaptılar. Romalı olmak istediklerinden tam olarak emin olmayan bir sürü İtalyan vardı hâlâ. Galyalılar hepsini aksiyona davet etti ve onlara birleşip o koca kabadayıların karşısında anlamlı bir çoğunluk oluşturma ve güneye inerek şirketi kalbinden vurma imkânını sundu.

Yaklaşık otuz bin Kelt savaşçı güneye akın etti. Roma ordusu onları Allia Irmağı'nda karşıladı. Bu ırmak, şirketin genel merkezini besleyen Tiber Irmağı'na bağlanıyordu.

Düşmanlarını küçümseyen Roma birliklerinde sadece iki alay, süvariler dahil yaklaşık on bin adam vardı. Romalılar iyi savaştı, ancak ele geçirmeye değil toptan yok etmeye kararlı, gözü dönmüş adamlardan oluşan böylesine bir güçle daha önce hiç karşılaşmamışlardı. Nehre sürüldüler ve çoğu utanç içinde Veii'ye kaçtı. Şehre giden yol açıktı.

Keltler Roma kapılarına vardıklarında onları savunmasız buldular. Genel merkezin büyük bir kısmı terk edilmişti. Roma'nın, yağmalayarak ve talan ederek şehirde dolaşırken karşılaştıkları tek temsilcileri, şirketin yönetim kurulu toplantı odasında gururlu bir sükûnet içinde oturan yaşlı senatörler oldu. Bir an için şaşkınlığa düşen istilacılar geri çekilerek bir süre düşündüler. Sonra Senato'ya dönüp etrafta kim varsa öldürdüler ve kendi işlerine baktılar. Yönetime el koymadılar, sadece yollarına çıkan değerli her şeyi soyup soğana çevirdiler.

Bu Roma'yı aciz bırakmadı tabii. Galipler herhangi bir yönetim faaliyetiyle ilgilenselerdi çok daha kötü olurdu. Altın, gümüş ve bütün ev eşyaları alınıp götürülmüş olabilirdi, ama Roma fikri ve üst düzey yönetimin işleri yürütme hakkı el değmemiş olarak kaldı.

Genel merkezin geri kalanı bir süreliğine ortadan kayboldu ve takviye edilen başkent geçit vermez hale getirildi. Şirket yağması yedi ay sürdü. Sonunda Roma bin kilo altın toplamayı başardı ve şirketi almak için kapıda bekleyen düşmanlar çekip gitti. Bir avuç aptal işte... Yeni gelişmeye başlayan en büyük kurumsal yapı ellerindeydi, fakat onların tek istediği bir tekne dolusu altın oldu.

Şirketin kendi kötü haline geri dönmesi yüz yıl aldı. İşin iyi yanı, İtalya yarımadası vahşi ve aptal Keltler tarafından işgal edilip yağmalanmaktan hiç de memnun değildi. Ana şirkete sadakat konusunda şüpheleri olan Roma iştirakleri şimdi bir araya toplanmış ve kötü adamları Fransa'ya sürmüşlerdi. MÖ 380'de, daha önce Roma'yla iş yapmış olan bağımsız şirketlerden oluşan Latin Birliği, kendilerini ana şirketle daha da uyumlu olacak şekilde yeniden yapılandırdılar. Birliğin Romalı olmayan en büyük ileri karakolu Tusculum da partiye katıldı ve şehrin tüm sakinleri yan haklar ve menfaatler paketleri ve kıdem tazminatı anlaşmalarıyla Roma vatandaşı oldular.

Şirketin aldığı bir başka ders daha vardı. O günden bu yana Roma elinde devasa bir askeri güç bulundurdu ve mecbur kalmadığı sürece bir daha asla saldırının yanlış tarafında olmadı. Tıpkı 11 Eylül 2001 saldırısının kurbanın üzerinde sürekli teyakkuz ve saldırganlık hali yaratması gibi Roma da o tarihten itibaren eşi benzeri görülmemiş bir ihtiyat seviyesini korumaya, bir saldırı eylemini başlatan değil de bu eyleme karşılık veren konumunda asla olmamaya karar verdi.

Daha küçük ve çevik bir tüzel varlığın bir dev karşısında başarı kazanmasının ilk örneği buydu belki, ama sonuncusu olmadı. 1990'larda New York Borsası ve onun yaltakçı medyasının beyinsizce ortaklığının sonucu olarak aşırı değerlenen birtakım internet firmaları, aslında onları bir lokmada yutacak oturaklı şirketler karşısında kendilerini daha güçlü bir pozisyona yükseltmeyi başardılar. Oysa artık unutulmuş olan portalların binlerce kat fazla nakit akışıyla ulus-devletleri neredeyse kontrol altında tuttukları zamanlar yaşanmıştı.

Takip eden on yıllarda bazı unutulmuş hava cıva operasyonlarla Roma'nın kaçınılmaz gücüne karşı koymak için çeşitli girişimler oldu. Bunlar Cumhuriyet için her zaman can sıkıcı olmuş olmalı. Ancak devletin kaderi belliydi ve bölgenin konsolidasyonu kaçınılmazdı.

Konsolidasyonla ilgili şöyle bir sorun vardır: Konsolide olan güçler bir süreliğine birbirlerinin hayatta kalmasına izin verirler, ancak eninde sonunda ihtilafa düşerler. Churchill ve Stalin'in, her birinin belirlenmiş etki alanı içinde faaliyet göstermesi konusunda birbirlerine izin vermeleri gibi Roma ve Kartaca da mağlup edilecek ortak düşmanlar, yenecek daha küçük balıklar olduğu sürece birbirlerine belli bir mesafede durmaktan gayet memnundular. Ancak dünya bir arada var olamayacakları kadar küçüldüğünde büyük savaş patlak verdi.

Roma'nın hayallerine ulaşabilmesi için dünyada Kartaca olmaması gerekiyordu.

DÖRDÜNCÜ BÖLÜM
Savaş, Savaş, Daha Çok Savaş

Pön (Kartaca) Savaşları ve tüm diğer savaşların karmaşıklığını ve sürükleyici ayrıntılarını hakkını vererek anlatabilmemiz bu kadar sınırlı bir yerde kesinlikle imkânsız. Pes ediyorum.

Mesela birbirinden farklı ve çeşit çeşit Pön savaşlarına ek olarak bir sürü başka savaş da yapıldı. Yunanistan ve İspanya'nın yanında artık varolmayan uluslara ve TelePrompTer, National Cash Register ya da eskiden çok popüler olan bir içecek yapan Moxie gibi ölü şirketlerden daha fazla önemsemediğimiz insanlara karşı yapılan seferler de bunlara dahildi.

Etrafındaki dünyayı yumruğuyla yere seren ve sadece kazananlar tarafından yazılan türden bir tarihi yaratan genç cengâver şirketimizin ördüğü sık ve karmaşık ilmeklerin arasında insan yolunu kolayca kaybedebilir. Biz bunu yapmayacağız. Birkaç bin yıl önce ölmüş olmasına rağmen dikkat aralığı benden çok daha geniş olan Livius değilim ben.

Pazar payını kontrol altında tutmak için yapılan uzun süreli savaşları inceleyenler, ilk çokuluslu şirketin geleceğini belirleyen ve onu tarihe geçecek bir büyümeye imza atma konumuna taşıyan savaşlara hızlıca bir göz atmak isteyebilirler.

Başlamadan önce, küresel pazar payı için birçok kanlı Pön savaşında bizimkilere karşı savaşan cesur düşmanlar, şanlı Pönler hakkında bir şey diyeyim. Pönler diye bir halk yoktu. Kartaca aslen bir Fenike kolonisiydi. Kartaca'nın Fenike dilindeki adı Pön'dü, kim bilir neden. Bu da hiçbir anlama gelmeyen "Pön" isminin dilimize girmesine neden olmuştur. Artık değiştirmek için çok geç.

Yaklaşık yüz yıllık bir süreye yayılan üç Pön savaşı oldu. Hepsinde de Kartaca AO büyük bir cesaret ve kararlılıkla savaştı, birçok muharebeyi kazandı, Roma AŞ'ye büyük hasar verdi ve savaşı kaybetti; çünkü Roma bazı bakımlardan o kadar aptal ve kendine o kadar hayrandı ki yenilgiyi kabul etmedi. Sonunda, galip Romalılar düşmanlarının Kuzey Afrika'daki genel merkezlerini yıktılar, çalışanların hepsini Omaha Saha Ofisi'ne gönderdiler, yönetim merkezini dümdüz ettiler ve on bin yıl boyunca bir daha hiçbir şey yetişmesin diye tarlalarını tuzladılar.

Yenilen taraf sonunda kendini baltalı kargının yanlış ucunda bulacağını muhtemelen biliyordu. MÖ 348'de, tuhaf bir şekilde, Roma'yla aynı dünyada var olabilecekleri kanaatine varmış halde faaliyetlerine devam ederken Kartaca'nın delikanlıları, rakipleri ve fetih ortakları ile karşılıklı bir saldırmazlık paktı imzalayarak ve onlara güzel bir kek göndererek kalıcı bir barış yapmaya çalıştılar. Roma'nın Kartaca'da ve Afrika, Sicilya ve Sardinya'daki limanlarda iş yapma izni vardı, ancak bu bölgelerdeki operasyonları yönetmesi yasaktı. Güya...

İki şirket nazikçe işbirliği yaparken bir yandan da köşe ofisi kapmış en faal, en proaktif, mankafa yöneticilerden biriyle uğraşıyorlardı: Ordusunun büyük bir kısmını kaybederek savaşları kazanan genel müdür olarak tarihe geçen Yunan kumandan Pyrrhos. Uğruna savaştıkları toprak parçası Sicilya'daydı ve dost olan iki kurumsal gücün ele geçirdikleri hedefi paylaşırken kurdukları ilişki, aralarındaki ilk savaşın zeminini hazırladı.

Ama yine de belli bir mesafeyi korumaya çalıştılar. Nedenini tahmin etmek kolay. Güçlüsünüz, tamam, ama öbür adam da güçlü. Biraz damarınıza basıyor gibi oluyor ve... Vay be, ikinizi birleştirmenin bir yolunu bulursanız bayağı büyük olursunuz – kontrol sizinkilerde olacak tabii.

Sicilya ve Sardinya'da meydana gelen ve DEHB'li (Dikkat Eksikliği Hiperaktivite Bozukluğu) yöneticilerle takip etmesi fazlasıyla karmaşık olan bir dizi olaydan sonra bu yumuşama saçmalığını sürdürmek imkânsız hale geldi. Samnitlerle ilgili bir şey, Siracusa'yla girilen bir savaş ve bir sürü yanlış anlaşılma oldu ama asıl sorun, her ikisinin de başlıca işi zorla ele geçirme olan iki büyük rakibin Batı Akdeniz gibi dar bir alanda bir arada var olamamalarıydı.

İlk Pön Savaşı MÖ 264 ile 241 arasında gerçekleşti. Bu, yirmi üç yıl demek. 21. yüzyılın başında yaşayan bir insanın buna benzer bir kültürel çatışmayı anlamak için hiçbir referans sistemi yoktur. Doğru, o günlerde her şey daha ağır işliyordu, buna savaşların sonuçlarıyla ilgili haberler de çatışmalar olduğunda verilen stratejik tepkiler de dahildi. Roma'daki genel merkezdeki yöneticilerin, kötü adamlardan oluşan bir çetenin şehre doğru geldiğinden ve tahminen altı ay içinde varacaklarından endişelendiklerini duymak hiç de sıra dışı bir şey değildi. Artık savaşları bu şekilde yapmıyoruz, ama bu on, on beş, hatta yirmi yıllık gelecekte büyüyüp üstünlük kazanan küçük rakip şirketlerde çalışan kurumsal planlamacıların mali yılı aşan senaryolarla boğuşma biçiminden çok da farklı değil. Benim işimde, cep telefonlarının günün birinde tüm mevcut eğlence biçimlerinin yerini alacağından endişelenen insanlar var. Bu soruna tepkileri, Roma'da da olduğu gibi, ileride rakip olabilecek birinin bir gün şirket bünyesine dahil edilebileceği, birbirini takip eden satınalmalar önermek. Başka bir deyişle, onları yenemiyorsanız satın alın. Alamıyorsanız da ezip yok edin.

Pön Savaşları'nın ilk üç yılında, 260'ın başlarında bizimkiler, kudretli Siracusa-Akragas kentinden sonra Sicilya'nın ikinci büyük iş merkezini de ele geçirdiler ve adını çok da yaratıcı olmayan bir şekilde değiştirip Agrigento koydular. Bu herhangi bir kara savaşında Kartaca'nın işini zorlaştırdı, ama üzerlerinde geliştirici bir etki yarattı, onları donanmalarına güvenmeye zorladı. Henüz benim diyebileceği büyük bir limanı bile olmayan Roma'nın aksine Kartaca donanması çok güçlü ve gelişmişti. İlgilenilmesi gereken bir teknoloji açığı vardı. Roma AŞ bu sorunu, ABD Anonim Ortaklığı'na rakip olan Japonya AŞ ile aynı şekilde çözdü: Henüz yaratmamış olduğu bir şeyi taklit ederek.

Roma'nın tek yaptığı bu değildi. Bilim insanlarını ve yatırımcıları işe alıp –bahse varım, en iyileri Yunan ve Fenikeli kölelerdi– suyun üstünde savaşmanın yeni bir yolunu bularak oyunun kurallarını bütünüyle değiştirdiler. Eski hayırsever Michael Milken'ın açgözlülüğün hüküm sürdüğü on yılda çürük tahvil denen o güçlü silahı piyasaya sokması gibi, ilk çokuluslu şirket de düşman gemisini etkisiz hale getirecek, onu felce uğratıp üstüne binmelerini kolaylaştıracak, bir dizi kanca ve metal payandadan oluşan bir şey icat etti. O sıralar Romalı savaşçılar işlerini çok daha tanıdık yollarla, sağlam zemine basarak, en iyi becerdikleri şekilde kılıçla yol açarak, bıçaklayarak ve tabii doğrayarak halletmeyi biliyorlardı.

MÖ 256'da Roma bu şekilde Kartaca'nın filosunun büyük kısmını yok etti ve düşmanlarını Afrika'daki merkez üslerine kadar kovaladı, ancak burada üstünlüğünü devam ettirmeyi başaramadı. Bir dizi savaş daha oldu ama hiçbirinden sonuç alınamadı ve Romalılar gemilerine binip evlerine döndüler. İki taraf da birbirinin gücünü tüketene kadar savaşmışlardı. Sicilya'daki harekâtların yüzde 90'ı Roma'nın hanesine yazılmıştı, ancak hâlâ teslim olmaya direnen bazı sinir bozucu Kartaca ileri karakolları vardı. Nedense, en büyük rakipleriyle aynı pazarda iş yapma hakkına sahip olduklarına inanmaya devam ediyorlardı. Bu yüzden bir kez daha barış yapmayı denediler. Ama Roma barışın peşinde değildi. Pazar payının ve düşmanlarını küçük düşürmenin peşindeydi.

Şeref. Cesaret. Şirket uğruna canını feda etmeye gönüllü olmak. Gelişmekte olan kurumsal devletimizin bu oluşum yıllarında çift rakamlı bir büyüme hızı yakalamasını sağlayan değerler bunlardı. Regulus'u ele alalım. Romalı bir konsül. İlk başarısız Afrika seferinde Kartaca tarafından esir alındı. Kartaca genel merkezinin yönetici çıkış salonunun yakınlarında takılıyordu. Düşmanın üst yönetiminden birileri gelip ona bir teklifte bulundular: "Evine git," dediler. "Bir Romalı olarak söz ver, bizim adımıza konuşacak ve onları barış yapmaya ikna edeceksin. Böylece özgürlüğüne kavuşursun. Eğer başarısız olursan, yine bir Romalı olarak, geri döneceğine söz ver. Seni öldüreceğiz ama nasıl öldüreceğimize henüz karar vermedik, düşünüyoruz." "Tamam," dedi Regulus. Roma'ya geri döndü, kendi içinde bulunduğu durumu hiç düşünmeden Senato'ya ötekilerin barış istediğini söyledi: "Onları dinlemeyin, o alçakların başını ezmek için elinizden geleni ardınıza koymayın." Senato ona teşekkür etti, onunla aynı fikirde olduğunu söyledi ve bilinen dünyanın hâkimiyeti için mücadelenin devam edeceğine dair o berbat haberi götürmesi için onu Kartaca'ya geri gönderdi. Regulus Kuzey Afrikalı ev sahiplerine nanik yapıp "Merhaba beyler..." diye başlayan kibar bir mektup gönderebilirdi, ama atına atlayıp gerçekten kötü olan bu haberle Kartaca'ya döndü ve hayal kırıklığına uğrattığı düşmanları tarafından derhal lime lime edildi.

Bir süre sonra Kartaca, Barkas ailesinden liderler çıkarmaya başladı. Son derece metanetli, inatçı, yaman ve üstün yetenekli, ilginç isimlere sahip bu üst düzey yönetici grubu Roma'ya uzun yıllar boyunca kök söktürdü. İlki Hamilkar'dı, savaşı MÖ 247'de devraldı, Roma yerleşim bölgelerine hiç yara almadan, istediği gibi hücum edebilmek için batı Sicilya'ya yeni limanlar inşa etti. Bu bizim yönetim kurulundakilerin canını sıktı. Onlar da yalakalık yapıp insanlardan bağış toplayarak yeni bir donanma kurdular (eskisi fırtınada yok olmuştu) ve Hamilkar'ı Afrika'ya geri postaladılar.

Yenilgiye uğrayan Hamilkar, her şey mahvolmadan önce, Roma'yla savaşmak için kurduğu o kalabalık ve saldırgan ordudan geriye kalanları yeniden kontrol altına almalıydı. Bu güçlü ve acımasız paralı askerlerin paraları ödenmemişti ve kimseye sadakatleri kalmamıştı. Yüz yıllık bir sürecin sonunda bu belki de Kartaca'nın en büyük sorunu haline gelmiş, onu yenilgiye mahkûm eden unsur olmuştu. Roma, genişlemek ve kendini savunmak için askerlik yapan vatandaşlarından kurulu bir orduya güveniyordu – şirketin tam zamanlı çalışanları. Kartaca ise paralı askerlerden medet umuyordu – parça başı çalışanlar ve danışmanlar. Bu tür çalışanlara bel bağlamak zorunda olan her kuruluşun, tüm haklardan ve mütevazı ama hayatta kalmaya yetecek bir emeklilik paketinden faydalanan askerlerden oluşan bir birliğe karşı savaşırken bariz bir dezavantajı vardır.

Kartaca'nın elinde savunulacak bir tek İspanya kalmıştı ve operasyonlarını yürütmek için düzgün sayılabilecek bir pazarı şekillendirdi. İspanya belalıydı. Alçak ve aşağılık bir halkı vardı ve bölgede kendi çıkarlarını gözeten, Yunan ve Roma tarzı kalkınmacı kaynıyordu. Sıradaki Barkas sahneye girdi – İberya'nın ürün yelpazesini geliştirmek konusunda çok başarılı olan Yaşlı Hasdrubal. O kadar başarılı oldu ki, Roma MÖ 226'da bölgedeki kendi çıkarlarıyla Kartaca'nınkiler arasına bir sınır çekerek Hasdrubal'ın hayatta kalmasına izin verdi. Sonraki birkaç yıl içinde Ebro Irmağı'nın güneyindeki tüm satış bölgesi Kartaca'nın eline geçti; o bölgede sadece tek bir yerel işletme Roma'yla ortak çıkarlara sahipti.

Hasdrubal, acımasız bir rakip tarafından öldürüldükten sonra, İspanyol operasyonlarından sorumlu genel müdür yardımcısı olarak yerine Hamilkar'ın oğlu, Barkas ailesinin en meşhur üyesi Hannibal geçti. Hannibal çocukken hayatı boyunca tüm Romalılardan nefret edeceğine dair ant içmeye zorlanmıştı. Bu yeminine sadık kalarak yaşadı ve son nefesini verene kadar şirketin başına büyük bir bela oldu. Hannibal, askerler tarafından çok sevilen, eylem odaklı yöneticilerden biriydi. Büyük Kartaca Ülküsü'nü de beraberinde götürüyordu. Bu, geçmişte yaşanan tüm onur kırıcı davranışların intikamını almak, küstah ve yayılmacı Roma'ya haddini bildirmek demekti.

Başka yerlerde sürdürdüğü askeri muharebelerden dolayı Roma'nın dikkati dağılmışken Hannibal saldırgan bir tavır içine girdi. Önce kendi topraklarında, Saguntum kentinde yaşayan Romalı bir müşteriye saldırdı ve Roma bu sorunu diplomatik yollardan halletmeye çalışırken Hannibal kenti ele geçirdi. İkinci Pön Savaşı başladı. Kartaca, kendi ordu komutanının saldırganlığı, benmerkezciliği ve saplantıları yüzünden bu savaşa sürüklendi. Karizmatik vizyona sahip bir adamın dostuna düşmanına bu kadar büyük acılar yaşatmasının son örneği olmayacaktı bu. Ordu ve hükümet de dahil tüm iş kollarında, vizyonla delilik arasındaki çizgi bazen yanlış çizilir. Vizyon denen şey bir süre için eğlencelidir, ama sonrasında şirketin başına dert olur.

Hannibal Barkas, sıra dışı düşünürlerden ve stratejik planlamacılardan biriydi. Kendi üst yönetiminin desteğini –ve tabii ki bu arada bir sürü canı– kaybedene kadar da pes etmedi. Hannibal'ın düşüncesi, Roma'yı Afrika'da kıskıvrak yakalamaktı, sonra da Fransa'nın güneyi ve İtalya'nın kuzeyindeki, Roma'dan nefret eden birçok küçük aile şirketinin yardımıyla çizmenin kendisini istila etmek ve Roma'nın kapısının önüne tezgâh açıp togalı oğlanları korkutarak büyük şirketin kalbini kendi başkentinden delip geçmekti. Oraya nasıl mı ulaşacaktı? Mümkün olan en zor yoldan, Alpleri aşarak. Kış vakti. Tam da aklı başında hiçbir müdürün asla yapmayı düşünmeyeceği bir şey. Madem konuya girdik, hiçbir Romalının, hiçbir İtalyanın daha önce görmediği bir şeyi de açıklayalım: Filler. Büyük, ürkütücü, acayip filler. Bu onlar için bayağı ufuk açıcı olmalı, değil mi?

Hannibal İtalya'ya iki beklentiyle girdi: (1) Roma güçleri tarafından ele geçirilen yerli halkın desteği ve (2) Kartaca'daki kendi üst yönetiminin askeri desteği. İkisini de bulamadı. Egemen kültürün etkisi ve Roma'nın tebaasını vatandaşa dönüştürme stratejisi sayesinde İtalyan yarımadası, yönetici kadrosuyla görülecek hesabı olan büyük güçlerin elinden kurtulmuştu. Peki ya Kartaca? Bu Hannibal manyağının tam bir gösteriş budalası, tehlikeli, dizginlenemez bir düzenbaz ve şirketin güvenliği için bir tehdit olduğunu düşündüler. Haklılardı.

Böylece Hannibal İtalya'ya yerleşti, buradan Siracusa ve Makedonya'da sorun çıkarabilirdi. Ama aslında hiçbir yere gitmiyordu. Çalışıyordu. İş başındaydı. Ancak uzun vadeli senaryo o kadar da iyi görünmüyordu. Keskin zekâlı bir eylem adamıydı ama bazen iş çevresi bu tür adamları istemez. Enerji ve esin kaynağına ihtiyaç duyulan başlangıç evresinde TWA, Howard Hughes'dan gayet memnundu. Daha sonra gerçek anlamda iş yapılmaya başlanınca, tırnakları 15 santim uzunluğunda bir kaçığa değil, takım elbise giymiş adamlara ihtiyaç duyuldu.

Savaş devam etti. Roma birçok boşanma avukatının da kullandığı stratejide ustalaşmıştı; Fabian taktiğinde düşman çatışmadan bıkıp isteklerinize razı olana kadar hiçbir şey yapmadan durursunuz. Ama Hannibal hâlâ savaşıyordu, burada anlatılmayacak bir sürü ilginç sefer ve muharebe yapıldı. Bu süre boyunca Afrika'daki kendi genel merkezinden neredeyse hiç takviye gelmemesinden mustaripti. Kendi adamlarının arkasında olmadığını fark eden Hannibal, kardeşi Genç Hasdrubal'ı çağırttı. O da İspanya'dan kalkıp geldi ama abisine yardım edemeden öldürüldü.

Bu sırada Romalı büyük lider Scipio, İspanya'daki Kartaca nüfuzundan kurtulabilmek için Hannibal'ın burada düştüğü gafletten yararlandı. Tüm çabalarını destekleyen ittifakları özenle kuran Roma, Afrika'daki Numidialılarla da dostluğunu pekiştirdi. Bu daha sonra işine yarayacaktı. O kadar çok dosta sahip olamazdınız.

MÖ 202'de Hannibal ve nasıl olduysa H harfinden paçayı sıyırabilmiş kardeşi Mago, Afrika'daki genel merkezi, Tanrı'dan dilediği yıkımdan korusun diye geri çağrıldı. Scipio Zama'da Pön üniforması giyen son salaklarla karşı karşıya geldi ve iyi adamlar savaşı kazandı. Koşullar çok ağırdı:

- Kartaca İspanya'dan yallah.
- Afrika'daki tüm ofisler kapatılacak.
- Roma'nın izni olmadan hiçbir alım ya da açılım yapılmayacak. Çok beklersiniz!
- Kartaca elinde sadece on gemi tutabilir, o kadar. Geri kalanların hepsi Roma'ya teslim edilecek. Bu arada filleri de alalım. Çok havalılar.
- Biraz da paradan bahsedelim artık. Elli yıl boyunca on bin *talent* vergi. Aynen öyle, artık bizim için çalışıyorsunuz.
- Bizimle tekrar savaşmaya kalkarsanız sizi gömeriz.

Hannibal bir süre Kartaca civarında takıldı ama orada işler pek iyi gitmiyordu. Satın alacak ya da inşa edecek hiçbir şey kalmamıştı. O da bir şirket adamı değildi. Uygulama adamıydı. Şehri terk etti ve Roma'nın başına bela olmaya devam etmek için kendisini danışman olarak işe almak isteyen bir yere doğru yola çıktı.

Roma! İşte bunlar olup bitti. Cesur ve artık sadece İtalya'yı değil, belki de Yunanistan'ı, İspanya'yı, Makedonya'yı, Galya'yı bile kontrol altına almaya birkaç adımlık mesafedeydi! Hakiki bir çokuluslu şirket kavramı şekilleniyordu. Birkaç düşmanca alım daha yapıldı: Makedonyalı V. Philippos Yunanistan'ın çeşitli yerlerinde küçük operasyonlara girebileceğini ve bunları mevcut işine bağlayabileceğini düşünüyordu. Roma bu işlerin hepsinde yer aldı, iyi adam rolünü oynadı, ama Yunanlar nihayetinde hangi tarafta olmanın daha akıllıca olduğunu biliyorlardı. Çünkü Philippos bir operasyonu üstlendiğinde Disney, IBM ya da General Electric'in yöneticisi gibiydi; en yetenekli yerel üst düzey yöneticiyi bile işten atıp yerine kendi yakın dostlarını getiriyordu. Öte yandan Roma, her alımda, düşmanca olanında bile, yardım eli uzatıyor ve mevcut orta düzey yöneticilere bir sürü boncuk dağıtıyordu. Roma vatandaşlığı, devam eden iktidar, kartvizitinizde Romalı unvanı taşımanın itibarı; bunların nesi kötü olabilirdi ki? Philippos, bir yerde (bu yerin ismini bilmenize gerek yok, çünkü nasıl olsa beş dakika sonra unutacaksınız) girdiği savaşta mutlak bir yenilgiye uğradı. Olup biten kısaca şuydu: Bizimkilerin Yunanistan'da işleri çok iyi gidiyordu ve rekabet halinde oldukları düşünülen bir başka üst düzey yönetim teşkilatını daha etkisiz hale getirmişlerdi.

Yunanistan'daki Roma karşıtı unsurlar, Yahudi bayramlarını araştıran herkes tarafından çok kötü bir adam olarak bilinen Suriyeli Antiokhos'la birlik oluyordu artık. Bilin bakalım ona kim yardım ediyordu? Hannibal! Adamın müthiş bir konsantrasyon gücü olduğunu kabul etmelisiniz. Çocukken birine çok içten gelen bir nefretle sövdüğünüzde olan şey de bu sanırım. Bugün bile hâlâ ciğer yemeyen yetişkinler tanıyorum. Bu yoğun duygusallığın tam bir antitezi olarak, Suriye'yle bir çatışmaya girmek için Roma da eski can düşmanı Makedonyalı Philippos'la ittifak yaptı. Böylece büyük şirketlerin oportünist olduğunu, zamanı geldiğinde kiminle olduğuna bakılmaksızın yapılması gereken şeyi yapmaktan kaçınmayacağını kanıtlamış oldu.

Roma, Antiokhos'u Magnesia kentinin yakınlarına kadar takip ederek buldu. Şirket genişleyen Asya topraklarında ilk kez iş yapıyordu. Suriye ordusunun işleri yolunda gitmedi ve elli binden fazla adam kaybetti. Romalılar ise efsaneye göre beş yüzden az kayıp vermişti. Gözlemciler aradaki bu büyük farka inanmadıklarını ifade ettiler. Anlaşılan, eşitlerin birleşmesinde yanlış tarafta hiç bulunmamışlardı şimdiye kadar. Roma yine fillerle birlikte bir sürü para aldı, iğrenç Suriyelilerin tüm topraklarına da el koyarak savaştaki müttefikleri arasında paylaştırdı.

MÖ 200'den sonrasına kadar geldik ve Cumhuriyet'in sonlarına doğru yaklaşıyoruz. Gördüğünüz gibi Roma, hayatı boyunca sürekli savaş halindeyken bir yandan da tüm diğer işlerini yürütüyordu.

Bütün bu savaşları dinlemekten yorulduysanız, Roma vatandaşı olmanın nasıl bir şey olduğunu düşünün. Sizden işleri tıkırında giden bir kürk tüccarı da olsanız, canınız boş boş oturup şarap içmek istiyor olsa bile sürekli savaşmanız ve ölmeniz bekleniyor. Şirket kavramının bu kadar önemli olmasının nedeni budur işte. İnsanları rahat koltuklarından kaldıracak büyük bir fikriniz yoksa ulus-devleti kurmak için hiç askeriniz olmaz.

Bugün güney Fransa, İspanya, Yunanistan ve Makedonya olan yerlerde başka savaşlar da yapıldı, hikâyelerini başka bir yerde okumak isteyeceğinizden emin olduğum bir sürü ilginç muharebe.

Bu sırada, Kuzey Afrika'da gözü pek, belalı Kartaca rahat durmu-yordu! İnanılmaz herifler. Ellerindeki güçle artık sadece iş yapmak istiyorlardı. Bunda iyiydiler. Roma'yla dost olmak istiyor, mahallenin koca köpeğiyle sürekli yıpratıcı kavgalara girip kaynaklarını boşa har-camak istemiyorlardı. Kartaca'nın gerçekten de hiç şansı yoktu. O zaman da bugün-kü gibi kitlesel konsolidasyonlar vardı ve böyle bir çağda kendine yeten ve tek şeye odaklanan bir işletme olmak zordu. Bugünlerde küçük bir reklam ajansı olmayı deneyin bakalım. Kartaca güneyde Roma'nın dostu olan Numidialılarla karşı karşıya geldi. Numidialılar Kartaca'nın ticaret yollarını kesip mallarını didikleyip duruyorlardı. Kartaca, mecburen, bir savunma taktiği olarak Roma'yla anlaşma çağrısında bulundu. Roma durumu incelemesi için bir temsilci olarak Marcus Cato'yu gönderdi. Cato, ne hakkında konuşursa konuşsun lafını "Kartaca'yı yok edin!" diye bitirmeye bayılan biriydi. Burada da Numidialıları haklı buldu.

Ellerinde kalan işleri de tehlikeye girince köşeye sıkışan Kartacalılar, Tiber Irmağı'ndaki güçlü patronlarından uzak durarak Numidialılarla savaştılar. Bu pek hayırlarına olmadı. Senato bu sinir bozucu rekabet kültüründen sıkılmıştı. Aynı çöplükte iki horoz ötemezdi.

Roma, seksen bin piyade ve dört bin atlıdan oluşan büyük bir orduyla Kartaca'yı ziyarete gitti. Aldıkları emir karşı tarafı yenmek değil, tümüyle yok etmekti. Romalılar iki yıl boyunca Kartaca'yı ku-şatma altında tuttu, kendi askerleri bataklıklarda hastalanırken onlara organize olmak için zaman tanımış oldular. Başarısı şerefine daha sonra Africanus soyadını alan Scipio Roma'dan kalkıp geldi ve kısa sürede işleri topladıktan sonra şehri kuşattı, düşmanlarını açlıktan öldürmek için limanı kapadı, sonra şehre yoğun bir saldırı düzenledi, fazla uğraşmadan kapıları kırıp içeri girdi ve bir hafta boyunca ev ev dolaşarak kıyım yaptı. Şehir ateşe verildi, hayatta kalan elli bin şehir sakini köle olarak satıldı ve şehrin etrafındaki tarlalara, üzerinde hiçbir canlı kalmayacak şekilde zehir döküldü. Scipio taltif edildi, büyük askeri liderliğinden dolayı ve ordunun girmesi gereken daha bir sürü savaş olduğu için konsül ilan edildi. Tarih, MÖ 146'ydı.

Amma çok savaş! Savaşlar, işleri sekteye uğratan şeyler değildi; şirketin işi buydu, o zaman mevcut olan herhangi bir stratejik planın ilk adımıydı. Sicilya'da yirmi bin kişinin çarmıha gerilmesiyle sona eren köle savaşları, İspanya'ya karşı savaşlar vs. yapıldı, ama MÖ 100 civarına gelindiğinde iş dünyasının şekli artık belliydi: Burası Roma'nın dünyasıydı ve diğer herkes burada yaşamak zorundaydı.

BEŞİNCİ BÖLÜM
Çılgın Cumhuriyetçiler

İsa'nın doğumundan yüz yıl kadar önceye geldiğimizde, aşırı militer faaliyetleri, endüstrileşmeyi ve politik gücü bir arada üreten, Ike'ın 1959'daki veda konuşmasında kullandığı askeri-endüstriyel kompleks terimiyle tarif ettiği ilk toplum var karşımızda.

Bu tür bir ulus-devletin kontrolü, aralarında geçirgen bir sınır olan bu unsurların üçünde de rolü olanların elinde.

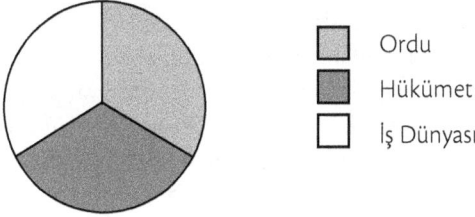

■ Ordu
■ Hükümet
□ İş Dünyası

Bu üç faaliyet alanından herhangi birinde çalışanlar diğer ikisinde de kariyerlerine devam edebilirler. Bunu becerebilmek için belli bir tür yönetici olmak gerekir.

Bugün artık varolmayan büyük bir çokuluslu şirkette çalıştığım sırada yönetim kurulumuz Nixon yönetiminden eski görevlilerle doluydu. Hükümetin güdümlü füzeler için elektronik sistemlerini hangi kriterlere göre seçtiklerini, denizaltılar dahil olmak üzere hem yurtiçi hem de askeri nükleer reaktörlerin bakım sözleşmelerini nasıl yaptıklarını anlamamıza yardımcı oldular.

Bu zarif sinerji Roma'da icat edilmişti, çünkü öncesinde ya da sonrasında hiçbir yerde bir şirket böylesine çok yönlü Rönesans adamları yaratmamıştı ve bu gerçek Rönesans'tan en az bin yıl kadar önceydi. Bu tür bireylerin ikinci kez görüldüğü yerin yine Roma olması tamamen rastlantı olmayabilir – Toscana'yı saymazsanız ki o da Roma'ya bağlıydı.

Bu zamana kadar –yaklaşık MÖ 100– büyük generaller, büyük devlet adamları ve büyük işadamları geldi geçti, bazen de bu yeteneklerin bir-iki tanesini aynı pakette birleştiren kişiler oldu.

Ama birdenbire İtalya'nın kendi etrafındaki alanın konsolidasyonuyla ve en büyük rakiplerinin –Yunanlar, Makedonlar, Etrüskler ve en önemlisi Kartacalılar– fethiyle birlikte küçük şirketimizin tarihinde gelinen noktada, eğer agresif satınalmalarla hızlı büyüme stratejisi devam edecekse daha büyük adamlara ihtiyaç vardı. Sanki tam da vaktinde bir sürü bu tarz sıradışı adam yaratıldı; hepsi gerçeküstüydü, sahip oldukları güçler, azimleri ve yeteneklerinin kapsamı baş döndürücüydü. Aynı zamanda askeri hünerlerini ticari sezgileri ve politik zekâlarıyla birleştiren adamlardı. Bazıları şiir bile yazabiliyordu.

Bu adamlara neden ihtiyaç vardı? Bu güzel, zarif, orta ölçekli şirket, işe büyük bir şevkle başladıktan sonra neden sakinleşemiyordu, Cincinnatus gibi eski günlerin sözde kahramanları gibi topraklarıyla ve yeni kolonileriyle meşgul olmuyordu, kaderinden vazgeçip dünyanın geri kalanının ve kendi erkek nüfusunun (bütün bu kıyım ve katliamdan, en azından bunlardan yorulmuş olmalılar) huzur ve güven içinde yaşamasına izin vermiyordu?

Şirket için stratejik sorun, sürekli savaş olmadan barışın olmamasıydı. Faaliyette bulunduğu pazar İskoçya'dan Hindistan'a, hatta Moğolistan'a kadar uzanıyordu ve bu pazara, küresel akışkanlık ve ülke sınırlarının olmaması damgasını vuruyordu; bu da bir toplumun hayatta kalmasını, karşı taraftakinden erken davranıp onu yere sermeye bağlı kılıyordu. Hukuk yoktu, güç vardı. Topraklar Aryanlarla, Galyalılarla, Moğollarla, Keltlerle, Piktlerle, Perslerle, Mısırlılarla dolup taşıyordu. Hepsi de ticaretini yapabileceği, içine karışıp kaybolabileceği, gerekirse zorla sahip olabileceği mülklerin peşindeydi. Vandallar gibi aşağılık yağmacılar ya da o zamanki ataları ortaya çıkıp herkesi öldürmekten, her yeri yakıp yıkmaktan, kadınların ırzına geçip çocukları katletmekten hoşlanıyordu. Tehlikede olan çok şey vardı. Ele geçirilen ya da sırf menfaat uğruna yağmalananlar sadece Malibu'da, Grosse Pointe'ta ya da Sag Harbor'da evlerini kaybetmediler. Öğle yemeklerini ya da öğle yemeklerinden geriye ne kaldıysa onu da kaybettiler.

Bitmek tükenmek bilmeyen bu mücadele Roma'nın umurunda değildi. Oynadığı oyunu ve bunu oynama biçimini seviyordu. Eğer Galya, Mısır ve Mezopotamya gibi yerleri ele geçirip sömürgeleştirmezse bunun alternatifi buralarda barışın hüküm sürmesi değildi, sadece onlar bölgedeki pazar paylarını kaybederler ve sonrasında da düşmanlar şirketin diğer saha operasyonlarına el koyardı. Bu konuda şirketin hiçbir zaman kuşkusu olmadı.

Bu aralıksız, kanlı savaş halinin ve gelecek stratejilerin bunun üzerine kurulmasının yöneticilerin zihninde yarattığı etkiler bir sorundu. Böyle bir halin içinde başarılı olmak kafayı yemiş olmayı gerektiriyordu. Bir düşünün. Bu kültürde etkin bir üst düzey yönetici olmak için şunları yapabiliyor olmanız gerekiyordu:

- Önceden faaliyet halinde olan küçük işletmelerin nüfusunun tamamını öldürmek ve köleleştirmek.
- Düşmanlarınızı kitleler halinde çarmıha germek.
- Daha sonra öldürmeyi kafaya koyduğunuz meslektaşlarınızla anlaşmalar yapmak.
- Politik nedenlerden dolayı kadınlarla evlenip boşanmak.
- Muhtemelen kısa bir süre içinde intiharınızla ya da hunharca öldürülmenizle sonuçlanacağına inanmakta haklı olduğunuz bir pozisyonu şiddetle arzulamak.
- Schenectady'nin Roma'ymış gibi görünmesine yol açan yerlerde seyahat ederek çok fazla zaman geçirmek.
- Kendinizi Mısır'ın, Suriye'nin ya da hiçbir makul standarda göre yönetme hakkınızın olmadığı ve hakkında çok az şey bildiğiniz, eski ve etkileyici bir uygarlığın valisi olarak hayal etmek.
- Kendi heykelinizin dikilmesi için birilerini görevlendirmek.

Bu sadece başlangıç.

MÖ 100'den önce üst düzey yönetici mevkisinde cüsseli, takıntılı, kendini beğenmiş, egoist ve her yönüyle modern ahmakların bulunması nispeten nadir görülen bir durumdu. Devlete hizmet etmek için yaşayan soylu Romalılar arasında bu tür örneklere çok rastlardınız. Sonra kodamanlar ortaya çıkmaya başladı. Cumhuriyet'te merkezi gücün yokluğu ve gündelik hayatın yozlaşması söz konusu olunca birbirleriyle yarışan bu kodamanlar kendi güçlerini gösterme fırsatı yakaladılar ve en tepedeki yeri ele geçirdiler, ancak burayı bir süreliğine işgal edebildiler, o mevkiye asla sahip olamadılar.

Burada devrede olan ve Cumhuriyet'in son dönemlerindeki durumun tamamını gördüğümüzde bize kendi durumumuzu hatırlatıp tüylerimizi diken diken eden birçok başka faktör de var. Bunların belki de en çarpıcı olanı, Roma Cumhuriyeti irtifa kaybederken toplumun sol ve sağ kanadı arasında birbirlerine karşı ilk kez şiddetli ve ölümcül bir nefret oluşmasıydı.

Sağ kanatta, yozlaşmış ve kemikleşmiş, gücüne ve avantalarına düşkün, mevcut durumu korumak için elinden gelen her şeyi yapmaya hazır bir Senato vardı. Bunlar patricilerdi, o dönemde hiç de umurumuzda olmayan bir nedenle *optimates* olarak biliniyorlardı. Sol olarak bilinen kanatta ise halkın adamları vardı, güçlerini ve servetlerini miras yoluyla değil, kendi alınterleriyle, oğullarının ve atalarının kanlarıyla edinmişlerdi. Bunlar *populares*'ti.

Her iki sınıfın da –Sol ve Sağ– yönetici sınıfın üyeleri olduğunu akılda tutmak önemli. Ancak Sol'da, şimdikinin tersine, halkın önemine dair daimi bir farkındalık vardı. Bugün bizim cumhuriyetçilerin sefasını sürdüğü güçlerinin bir kısmını halktan alıyorlardı.

Ne *optimates* ne de *populares* çok iyi adamlar sayılırdı. Ama yozlaşma, açgözlülük ve sahtekârlık söz konusu olduğunda Senato'daki sinsi togaların hakkını teslim etmek gerekirdi. İnsanlara rüşvet veriyor, seçimleri satın alıyor, devleti yönetirken kendi işlerindeki kârlarını artırmayı amaçlıyorlardı ve bütün Romalılar gibi rahatlıkla adam öldürebiliyorlardı. Öte yandan *populares* de daha sonra, mecburen öldürdükleri sayısız köle ve çocuk da dahil olmak üzere, kendilerine muhalefet eden herkesi katletmeleriyle tanınır oldular. Sahadaki işleri onlar yürüttüğü için ölülerin gözlerindeki metal paraları sürekli çalıyorlardı. Yani burada temiz kalmış birini bulmak çok zordu.

Cumhuriyet'in sonlarına ve imparatorluğun yükselişine doğru giden yolda ilerlerken –kalleşler ve yalakalarla dolu, zırdeli ve arapsaçına dönmüş bir kurumsal bürokrasi için büyük bir ilerlemeydi bu– her bir kodamanın daha çok oportünist sebeplerle bir tarafa yanaştığını göreceğiz. Burada tek bir idealist yoktu – sadece kafalarında varolan hayali devletin sonunu görmektense ölmeyi tercih edecek olan Cicero ve Cato gibi çılgın muhafazakârlar ve olağanüstü olan ne varsa Romalı yönetici kimliğinde cisimleştiren, bu yüzden de bir grup hain tarafından öldürülen Julius Caesar dışında.

Bu zenginle fakirin mücadelesi değil, zenginle daha zengin arasındaki bir savaştı. Ancak fakirler hangi tarafta olduklarını biliyorlardı –Sol–, yine de her zaman konuşmaya hazırlardı.

Yaklaşık yüz yıl süren bu kritik döneme bakınca bize en ilginç gelen şey, bildiğimiz patron tipinin belki biraz daha büyük boy ve ilkel olanının –belki de aynısının– oluşmasıydı. Bu Romalı kodamanların görevlerinin bir parçası olarak yaptıkları şeyleri bizim yapmamıza izin verilmez, ama her birinin karakter özellikleri bize müthiş tanıdık geliyor.

Bu çılgın Cumhuriyetçilerden epeyce vardı. İşin ilgi çekici yanı, bunların genellikle ikişer ikişer gelmesiydi – kanla beslenen, hep kendini düşünen kaçıklardan oluşan bu çiftlerin delilikleri toplumun genelinde hâkim olan ihtiyaçlara öyle güzel uyuyordu ki yücelik olarak yorumlanıyordu. Belki de öyleydi.

Bu adamların hepsi canavardı. Hepsi ilginçti. Ama Marius, Gaius Marius, Roma'yla ilgili etkileyici, içler acısı ve takdire şayan olan her şeyi en saf haliyle temsil ediyordu. Cidden hayal dünyasında yaşayan bir üst düzey yöneticiyi yaratacak kadar büyük ve önemli bir şirkette çalışıyorsanız onu tanıyor olabilirsiniz.

ALTINCI BÖLÜM
İlk Kodaman: Marius

Gaius Marius, hiçbir şeye sahip olmayan ve hiç kimse olmayan bir aileden geliyordu. Hayatının başından sonuna kadar tam anlamıyla kendi kendini yaratmış bir adamdı. Antik dünyada bu muhteşem bir şeydi ve tarihte o noktaya kadar sadece Roma AŞ bu girişim fırsatlarını sunan iklimi yaratabilirdi. Şehrin pis kokulu kenar mahallelerinden gelen zavallı bir sokak çocuğu, Cumhuriyet tarihinde tüm diğer Romalılardan çok daha fazla sefer üst üste konsüllüğe –ülkedeki en üst pozisyona– yükselebilmişti. Tamam, birkaç seferinde o pozisyonu hak etmemişti ve bir-iki sefer de çalmış gibi oldu, ama bu bile bayağı etkileyici değil mi?

Marius dengesiz, ayyaş, acayip öfkeli bir pislikti ve önüne ne çıkarsa çıksın boyun eğmezdi. Adamın küçük ve sevimli bir kuzey İtalya kasabası olan Ravenna'da bir heykeli vardı. Hırıltılar çıkaran ve aşırı genişlemiş olan şirket zar zor ayakta dururken ve Roma harabeye dönmüşken burası bir süreliğine şirket merkezi olmuştu. Heykelin "ona atfedilen o sert ve haşin karakterle bir hayli uyumlu" olduğunu yazmıştı Plutarkhos. "Doğuştan yiğit, dövüşken ruhlu ve şehirden çok karargâh disiplinine aşina biri olarak yetki sahibi olunca tutkusunu yatıştıramadı." Sizi bilmem ama bunun tanıdık gelmesi hafif bir ürperti veriyor bana.

Marius aynı zamanda kabaydı da. Bir seferinde, büyük zaferlerinden birinin kutlamasına geldi ve hemen orayı terk etti; gösteriye hiç ilgi göstermedi, çünkü Yunancaydı. Yunanca öğrenmek için hiç çaba sarf etmemişti, bunun bir sebebi de bu dilin genellikle küçük gördüğü köleler tarafından öğretiliyor olmasıydı. Aslında, diye belirtir tarihçi, Yunanların görgü kurallarından birkaç tanesini uygulayabilirdi, o takdirde "savaşta da barışta da eşi benzeri olmayan eylemlerini bu kadar değersiz bir biçimde sonlandırmaz ya da tabiri caizse, modası geçmiş bir zalimlik ve kindarlık uğruna, tutkuyla, yersiz ihtirasla ve doymak bilmez açgözlülükle kendini yok etmemiş" olurdu. Tutku. Yersiz ihtiras. Doymak bilmez açgözlülük. Kendinizi evinizdeymiş gibi hissediyorsunuz, değil mi?

Marius Roma'nın dışında, küçük ve ücra bir kasabada yetişmişti, kaba ve gelişmemişti, fakat onda Roma'nın efsanevi erdemleri olan basitlik, sıkı çalışma ve aile yaşamı bolca vardı. Şirkete asker olarak çok erken katıldı. Günümüz şartlarında bu, içeri satış departmanından girmekle aynı anlama geliyor galiba. Bugün beş basamaklı maaşlar alan pek çok kıdemli memur işyerine bu kapıdan girdi. Satış personeli her gün savaşır ve şirketleri için belli bir zaman dilimi boyunca değil, son yaptıkları şeye göre değerlendirilirler. Kendilerinden geçerek çalışmak zorundadırlar ve belli bir mesai saatleri yoktur. Onlara verilen toprakları ellerinde tutmak ve daha fazlasını fethetmek için yaşar ve ölürler. Gayet cana yakındırlar ama gerekirse samimiyetten uzak olurlar ve yakın dövüşte hırçındırlar. Tüm bu özellikler bizi kavgacı, sonuç odaklı bir karaktere götürür ve bu karakter de üst düzey yönetime çok yakışır.

Marius, hatırlayacağınız üzere Kartaca'nın otoparka dönüşmesinde etkili olan Scipio Africanus için savaşan bir piyade eri olarak iş hayatına atıldı. Daha sonra Afrika'da bugün artık var olmayan başka bir yerin hemen güneyindeki Numantia'yı kuşatma altına aldı. O zamanlar Yıkma ve Yağmalama departmanında yapılan düzinelerce işten biri olan bu seferde, Marius çağdaşlarının arasında en cesuru olduğunu kanıtladı ve saha operasyonlarının başkan yardımcısı Scipio'nun gözüne girdi. Özellikle lüks ve aşırılık içinde yüzen orduya bir tür düzen getirmek konusunda ustaydı. Bu da bize çok tanıdık gelerek hafızalarımızı canlandırıyor. Maliyetleri azaltıp erlerin yaptığı harcamaları sıkı bir şekilde takip ederek en üst düzey yönetimin sevgisini kazanan kaç tane kıdemli memur tanıyorsunuz?

Geleceğin genç kodamanının başına hakikaten bir talih kuşu kondu ve patronu onu göğüs göğüse muharebe sırasında bir adamı öldürürken gördü. Sonra bir partide büyükleri bedava viskileri devirip ekmek arası domuzları ve mini *quesadilla*'ları mideye indirirken konu açıldı.

Şirketin o asil havasına maçoların sarhoşluğu ve kasıntılı güç gösterileri hâkimdi. Scipio'nun yerini kimin alabileceği konuşulurken yaşlı adam Genç Marius'un omzuna vurarak, "Hey! Neden adamım Marius olmasın?" dedi. O an Marius geleceğini gördü ve bu namussuz bir satıcının sahip olacağı türden bir gelecek değildi. Bundan sonra gözünü diktiği, dışarıdaki bekleme odasında iki asistanının oturduğu, kendi banyosu olan bir ofisti.

Kan ve gözyaşıyla dolu ilk işinden hırsı kadar büyük bir egoyla ayrılan Marius politikaya atıldı. Ailevi ilişkiler sayesinde kendini halkın koruyucu lideri olarak konumlandırdı. Bu makam gücünü, sıradan şirket çalışanlarına yaptığınız yalakalık miktarından alıyordu. Yargıyı yöneten ağır topların gücünü sınırlandırmak için ilk iş olarak bir kanun tasarısı sundu, çünkü Marius'un kişisel çıkarları halkla kader birliği yapmakta yatıyordu. O günlerde bu onu Sol'un adamı yapıyordu.

Bundan hoşlanmayan, zamanın kıdemli memuru Cotta, Marius böyle bir teklifle geldiği için Senato'yu onun üstüne saldı. O zamanlar bu hafif bir şey değildi. Siyasette başkalarını rahatsız eden insanlar kendilerini hapiste ya da partililerden birinin tuttuğu silahlı bir katili kan istediğini haykırarak peşinden koşarken bulurdu. Rahatsızlık veren, özellikle de patrici olmayan düşmanları öldürmek için senatörlerin çeteleri kiralama alışkanlıkları vardı.

Ancak bizim Marius endişeli miydi? Bundan korkuyor muydu? Bu küçük sorunu, ondan daha yaşlı ve muhtemelen devlet işlerinde daha tecrübeli olan amirleriyle gizli köşelerde buluşup konuşarak mı çözmeye çalışıyordu? En önemlisi, kanun tasarısını geri çekti mi? Bu soruların hepsinin cevabı belli. Tabii ki hayır.

Şöyle bir şey yaptı: Senato'ya karşı yürüyüşe geçti. Bulunduğumuz herhangi bir yönetim kurulu toplantı odasında gördüklerimizden çok daha etkileyici bir görüntüydü bu. Marius, geri çekilmezse Cotta'yı hapse attıracağını söyledi.

Bu ne cüret?!

İş dünyasında kodamanla daha sıradan yönetici meslektaşını birbirinden ayıran "Cüret Faktörü"dür aslında. Bir tanım yapma ihtiyacı duyanlar için "cesaret" olarak tanımlanabilir, ama ondan çok daha fazlasıdır. Cesurluğun ve meydan okumanın temel içeriğine kibir ve akıldışılık da eklenir.

Çağlar boyunca yaşamış bazı kodamanlara ve o zamanlar oldukları yere ulaşmalarını sağlayan cüretkârlık türlerine bakalım.

Kodaman Cüretkârlık Örnekleri

Kodaman	Cüretkârlık Örneği
Walt Disney	Şaşaalı bir eğlence parkı yapmak için Florida'nın büyük bir kısmını satın aldı
Bill Gates	Ezici rekabetle internet tarayıcısı piyasasını ele geçirmeye çalıştı
Bob Pittman	Time Warner'ın yönetimini ele geçirdi
Jerry Levin	Bob Pittman'ın Time Warner'ı ele geçirmesine izin verdi
Barry Diller	Patronu ve bankacısı Brian Roberts'a danışmadan CBS'in "alındığını" ilan etti
Brian Roberts	Barry Diller'a CBS'le oyun oynayamayacağını söyledi
Martha Stewart	SEC'e [ABD Sermaye Piyasası Kurumu] yalan söyledi
Jack Welch	GE'den [General Electric] golf sahası ücreti talep etti
Donald Trump	Saçları

Marius'un mevcut yönetim kurulu başkanını hapse attırmakla tehdit ettiği Senato'ya geri dönelim. Cotta'yı dili tutulmuş bir vaziyette bırakan Marius, bir başka önemli adam olan Metellus'a döndü ve onun da kendisine karşı olduğundan emin olunca güvenliği çağırıp Metellus'un zincire vurulmasını sağladı. Kısa bir süre içinde Senato Marius'a boyun eğdi ve bu yeni, popülist yasayı –her ne yasasıysa artık– onayladı.

Marius kazanmıştı. Senato'dan çıktığında dışarıda halk onu sevgi gösterileriyle karşıladı ve kendileri için işleri halledebilen bir adam olduğunu gördüler.

Hikâyenin can alıcı noktası, bu yeniyetme, ikinci lig piyade erinin, yokluktan gelen bu inatçı keçinin, bir yerlerde yapılan bölgesel operasyonlarda iyi fakat pek de şöhret getirmemiş sonuçlar kaydetmiş birinin, girdikleri her lokantada en iyi masaya oturabilecek bir oda dolusu adamı sindirmiş olmasıydı. Kendine bu derece güvenen çılgın insanlar, her şeyiyle başarılı bir üst düzey yönetimin temelini oluştururlar.

Marius'un içeri girip patronlarının kafalarını şişko omuzlarından ayırmadığını belirtmek önemli. Hayır, sistem dahilinde çalışıyordu ama kendi kişiliğiyle sisteme yön veriyordu, bizim kasıntılı kodamanların da yanlarına kâr kaldığı sürece bugüne kadar yapmış oldukları gibi. Dave Thomas'a, Wendy's'in canlı yayın reklamlarını ondan daha iyi yapacak birilerinin olduğunu kaç kişinin söylemiş olabileceğini düşünün. Onlara boş vermelerini söyledi. Orayı o yönetiyordu. Reklamları da o yapacaktı. İtirazı olan? Yok mu? O halde karar verilmiştir.

Yeri gelmişken söyleyelim, Marius Sol'un sevgisini kazandıktan hemen sonra mısır dağıtımı ile ilgili bir tartışmada Senato'nun tarafında yer aldı ve Sağ'ın takdirini kazandı. Bir başka kodaman özelliği göstermişti: Zekice bir oportünizm, aptalca olanından farklı olarak.

Halkın koruyucu lideri rolünde kaydettiği büyük başarıdan sonra Marius bir kez daha kafasındaki efsaneyi yaşayarak başka bir makama daha aday oldu ama tökezledi. O koltuğu elde edemeyeceği belli olunca daha küçük bir şeyin peşinden gitmeye karar verdi, ancak biraz fazla güç bir durumla karşı karşıya kaldı ve orayı da elinden kaçırdı. Bu noktada, iyi olan her şeyden neredeyse tamamen yoksun kalmışken rüşvetle *pretor* olmaya çalıştı. Bu hareketiyle –hafif bunamış üst yönetimde de yaygın olan– başını belaya sokma eğilimini sergiledi. Bu makama para yedirerek gelmeye çalışma suçuyla yargılandı. Bir süre işler kötü gitti ve sonra Marius suçsuz bulundu. Böylece başlarını ne kadar çok belaya sokmuş olsalar da kodamanların sonunda zeytinyağı gibi üste çıktıkları gerçeğine bir kez daha güçlü bir kanıt sunmuş oldu. Bunun sebebi, bir sürü yetenek ve becerilere sahip olsalar da, kaybettikleri zaman bile kendilerini kaybetmiş olarak düşünememeleridir. İşte bu yüzden de kaybetmezler, kaybettiklerinde bile.

Marius aslında iyi bir *pretor* değildi. Bazı hırsızları İspanya'dan kovarak iyi bir gösteri yaptı. Hırsızlık o zamanlar, en azından bir tarihçiye göre, hâlâ itibarlı bir meslek olarak görülüyordu. Marius zengin değildi, güzel konuşmayı da bilmiyordu. Romalılar o günlerde kendilerini genellikle böyle gösterip güç kazanıyorlardı. Fakat onu bir yerlere getiren, basit yaşam biçimi ve çalışma azmiydi.

Düzgün ve yakışıklı biri de olmamasına rağmen onu çekici kılan bir şeyler olmalıydı, çünkü eş seçme zamanı geldiğinde müthiş bir evlilik yaptı. Başına olağandışı bir talih kuşu kondu ve eşi, gelmiş geçmiş en büyük Romalı adam olan Julius Caesar'ın halası Julia oldu. Caesar, daha sonra bu üst düzey yönetici tipinin sürekli tekrarlanmasından çok etkilendiğini belirtti.

Çok geçmeden Afrika'da, Jugurtha adındaki bir kabile reisine karşı büyük bir savaş başladı. Şiddetli ve sert bir savaştı, nasıl sonuçlanacağı hiçbir şekilde belli değildi. O zamanlar konsül olan Metellus Marius'u yardımcılarından biri olarak göreve getirdi, çünkü bu çocuk iğrenç bir politikacıydı ama aynı zamanda müthiş bir savaşçıydı da. Ateşli savaşçı, emri altındaki diğer savaşçılar gibi patronunun gölgesinde kalmadı, başarısını yönetim hiyerarşisindeki pozisyonuna dayandırmadı; elde ettiklerini doğrudan kaderin ürünü olarak gördü. Savaş alanında büyük bir cesaret örneği sergiledi, onun için hiçbir iş fazla büyük ya da küçük değildi. Sıradan askerlerle birlikte yaşadı ve savaştı, (idari görevdeki birçok kişinin tersine) ayık kaldı ve yönetimdeki dostlarından uzak durdu. Plutarkhos şöyle diyor:

> Komutanının kendisiyle aynı ekmeği yemesi, sıradan bir yatakta yatması ya da siper kazmak ve sur örmek gibi işlere yardım etmesi, bir Romalı asker için en bağlayıcı görüntüdür. Çünkü onlarla birlikte aynı işe ve tehlikelere ortak olanları, onlara para ve onur dağıtanlardan daha çok takdir ederler; onlarla birlikte çalışmaya tenezzül edenleri, aylaklık etmeye teşvik edenlerden daha çok severler.

Marius, İkinci Dünya Savaşı'nda karada savaşan her Amerikalı askerin ruhunda cisimleşen George S. Patton gibi meşhur olmuştu. Cepheden evlerine mektup yazıp Marius konsül olmasaydı Jugurtha'nın asla yok edilemeyeceğini söyleyenler vardı. Tahmin edileceği gibi bu patronunun keyfini kaçırdı.

Aralarında başka bir çatışma daha vardı. Orta büyüklükte bir şehir olan Vaga'daki bir muharebede Konsül Metellus'un Turpillius adında bir arkadaşı görev alıyordu. Turpillius bayağı iyi bir adamdı, yerlilere merhametli ve adil davranıyordu. Bu yüzden de düşmanın eline düştü. Şehri aldıktan sonra onu serbest bıraktılar, çünkü o kadar etkisizdi ki muhtemelen ona karşı herhangi bir düşmanlıkları yoktu. Karar verici komitede yer alanlardan biri olan Marius, konsülün arkadaşını cezalandırma ihtiyacı duyuyordu ve bunun sonucunda Turpillius hainlik suçundan idam edildi. Daha sonra temize çıktı ve Metellus bu duruma çok üzüldü. Öte yandan Marius hiç de üzgün değildi. Bu olay sayesinde, patronun en iyi arkadaşını idama gönderme kararında kendisinin itici güç olduğunun bilinmesini istedi.

Hırslı ve acımasız kahramanımız genel merkeze gidip patronunun yerine adaylığını koymaya hazırdı artık. Ve aynen bunu yaptı. Şöhreti sağlam ve yeniydi. Bugün olduğu gibi o gün de insanlar yeni ve sosyal bir oyuncakla oynamayı seviyordu. Seçmenlerin her zaman bayıldığı, istisnai olduğu hissedilen bir şey de vardı: O bir eylem adamıydı, hırsı o kadar büyük ve kişiliği o kadar genişti ki bu, şehrin kendisini harekete geçiren ruhuna bir davetti. O dönemde kurumsal kültüre kendini kaptıran her Romalı için bu sert, zorba, azimli yönetici Roma'nın kendi gerçek benliği olarak canlandırdığı her şeyi temsil ediyordu.

Böylece Marius ülkenin en yüksek makamına seçildi; toplam yedi kez seçileceği bu makama ilk gelişiydi bu ve gelir gelmez orduya ayaktakımından her türlü insanın girmesine izin vermeye başladı. O güne kadar bir adamın Roma'nın düşmanlarına karşı savaşması için mal mülk ve mevki sahibi olması gerekirdi. Artık köleler ve fakirler bile orduya girebiliyordu. Genellikle Sol kanada dayandırdığı duruşunu daha yüksek bir seviyeye taşıyarak aristokrasi bir grup muhallebi çocuğundan oluştuğu için konsüllüğü kazandığına dair kibirli konuşmalar yaptı. Yakın zamanda California'nın büyük popülist kahramanı, Terminatör Vali Arnold Schwarzenegger'in kullandıklarından çok da farklı ifadeler değildi bunlar.

Marius Afrika'ya gitti ve eski patronunun ordusunun yönetimini devraldı. Savaşın kazanılmasını sağlayan Metellus olmasına rağmen bu başarıdan dolayı gelen tüm övgüleri kendi üstüne aldı. Geriye bir tek Jugurtha'nın tutuklanması kalmıştı.

Sonra çok ilginç bir şey oldu, Marius'un yazdığı senaryodaki ufak bir hata ileride olacakların da habercisiydi. Tam Marius savaşın büyük galibi diye ortaya çıkıp tüm dikkatleri üzerine çekecekken genç bir yönetici olan Sulla perde arkasında yürüttüğü bir dizi çetrefil hilebazlıkla talihsiz Jugurtha'yı ele geçirdi ve Marius'un açgözlü benliğini doyurmak için peşinde olduğu şöhretten kendi payına düşeni aldı. Sulla'nın düşmanı ele geçirdiği anın anısına yapılmış heykeller ve basılmış madeni paralar bile vardır! Sinir bozucu! Rencide edici! Korkunç bir şekilde çileden çıkarıcı!

Çoktan fark ettiğimiz gibi, tarihte her kodamanın (belki Warren Buffett hariç) kendisine meydan okuyan ve kendisiyle ilgili yarattığı kusursuz efsaneyi yerle bir eden bir anti-kodamanı vardır.

Kodaman	Anti-kodaman
Marius	Sulla
Pompeius	Sezar
Antonius	Octavianus
Howard Hughes	Howard Hughes
Hugh Hefner	Larry Flynt
Rupert Murdoch	Lachlan Murdoch
Bill Gates	Steve Jobs
Michael Eisner	Michael Ovitz/Jeffrey Katzenberg/Roy Disney/vs.

Hayatı boyunca elde ettiği onca başarının yanında Marius, Sulla'ya karşı savaştı. Sonunda kimin kazandığını anlamak güç, çünkü ileride göreceğimiz gibi her ikisi de çok geçmeden birer canavara dönüştüler. Her yenilgide ve yargılamada Marius'u desteklerken buluyorum nedense kendimi, Sulla ise sinirimi bozuyor. Aynı şekilde Dennis Kozlowski gibi büyük ve kaba ifrat ustalarından çoğu zaman hoşlanırken Enron'un üst yönetimi, özellikle de Kenny Boy Lay gibi sadece kendi çıkarlarına hizmet eden hırs budalaları için düşük seviyede öfkeli bir küçümsemeden başka bir şey hissetmiyorum. Hâlâ hayatta olan bazı kodamanlardan da öylesine korkuyorum ki adlarını bile söylemeyeceğim. Kim olduklarını biliyorsunuz.

Yıllar geçtikçe insanlar Marius'u sevdiler ve Marius'tan nefret ettiler. Sol'dan, alt kanadın ve halkın arasından destekçileri ve Sağ'dan ve Orta'dan, özellikle de ailesini öldürdükleri ya da herkesin içinde aşağıladıkları arasından onu kötüleyenler çıktı. Ancak ciddi bir kriz şirketi her vurduğunda (ve bildiğimiz gibi bu ürkütücü bir sıklıkta oluyordu) ahali öldürücü fikir ayrılıklarını bir tarafa bırakıyor ve sahip olduğu en dolaysız, en az çekişmeli, en yetenekli saha yöneticisine dönüyordu. Marius işte bu şekilde yedi kez konsül oldu; şirkette en öncelikli iş dayak atmak olduğunda en iyi dayağı atan oydu.

Hatırlarsınız, Marius yoluna çıkan her engeli aşarken eski patronu Metellus'un ayağını kaydırıp yerine geçmişti. Böyle ünlü bir üst düzey yöneticiyi öldürmenin kötü bir fikir olacağından emin olduktan sonra Metellus'un Petaluma'daki saha ofisine gönderilmesi için yönetim kurulundaki bağlantıları üzerinden yoğun bir çabaya girişti. Aradan zaman geçti, Metellus artık bayağı yaşlı olduğundan aslında ölmesi için arkadaşları onun genel merkeze çağrılmasını sağlamayı başardıklarında Marius'un kafası o kadar bozuldu ki Metellus geri döndüğünde Roma'da olmak istemedi ve Hilton Head'de uzun bir tatil ayarladı.

Neyse, eski dostumuzun konsül olduğu yedi dönem boyunca bir sürü savaş oldu. Bu makamı en az bir sefer satın alacak kadar ileri gitmiş olsa da ülkenin bir numaralı askeri ve politik kumandanı olarak kalmak için çevirdiği entrikalar özellikle ilginçti. Tötonları, Kimberleri ve daha başka bir sürü kaba ve cahil halkı yendi ve Roma —o zamanlar hep olduğu gibi— büyüdü. Kazandığı zaferler ve ondan haklı olarak korkan insanların sayısı konusunda Marius rakip tanımıyordu.

Sulla da aynı ölçüde kötü, zeki ve enerjikti, onun kadar olmasa da çirkindi ve Marius'un tersine şansın kendinden yana olduğuna inanıyordu. Hatta kendisine Şanslı Adam Sulla olarak çevrilebilecek Sulla Felix adını seçmişti. Dostumuz Marius'un kendini hangi hayallere kaptırdığını bilmiyoruz, ama doğuştan şanslı olduğu fikri bunlardan biri değildi. Bu yüzden genel bir paranoya bulutunun içinde, tüm yeni gelenlere karşı sürekli komplolar kurdu.

Artık yaşlanan Marius satınalma işinde gitgide kendini seyirci rolünde bulmaya başladı ve genellikle çürüğe çıkmış gibi hissetti, başkalarının kazandığı zaferlere gittikçe daha çok maruz kaldı. Bazı adamların, düşmanları bir işte başarılı olduğunda girdikleri bunalım böyle bir şeydir herhalde – Katzenberg'in bir-iki hafta boyunca bir Disney çizgi filminin bir numarada kaldığını gördüğünde girdiği gibi bir bunalım. Marius iktidardayken o kadar büyük bir baş belasıydı ki düşmanları iktidardan düştüğünde nasıl bir halde olacağından gerçekten korkuyorlardı. Kışın bir aslanla karşı karşıya kalmak bir şeydir, bir *Tyrannosaurus rex*'le karşılaşmak başka şey.

Bu da bizi tarihin ilk kodamanının son günlerine getiriyor. Marius sonun başlangıcında bir süre dişini sıkıp Roma'nın ve kendisinin düşmanlarıyla savaşmaya devam etti, ama bedeni onu yüzüstü bırakmaya başlıyordu. Yumruk yumruğa dövüşte karşısındakine haddini bildirme yeteneğiyle her zaman övünmüştü. Artık biraz daha akıllı olması gerekiyordu. Savaş meydanında bir düşman askeri, "Eğer büyük Marius'san ortaya çık da kanıtla!" diye bağırınca, "Gel de ispatlayayım!" demek zorundaydı. Bu, her ne kadar koşup herifin kafasını, Frank Miller'ın diyeceği gibi bir PEZ şeker kutusuna çevirmek kadar eğlenceli olmasa da zekice bir cevap sayılırdı.

Ufukta görünen bir sonraki büyük mesele Doğu kralı Mithradates'le girilecek olan savaştı. Şirket düşman tarafından ele geçirilmeden önce stratejik planlama yapılması gerektiğinde, aklı başında birçok insan Sulla'nın bu iş için doğru kişi olduğunu düşündü. Ancak Sulpicius gibi halkın yanında olanlar, daha çok politik nedenlerle Marius'u önerdi. Halkın görüşü ikiye bölünmüştü ama en zeki insanlar açıkça ortada olan bazı sorunları gördüler.

Öncelikle adam yaşlıydı. Marius'la alay edenler ileride yapılacak savaşları unutmasını ve Baiae'deki hamamlara gitmesini söylediler ona. Burada harap olmuş ve katarla kaplanmış –her ne demekse artık– bedeniyle ilgilenebilirdi.

Kendisinden önce ve sonra gelen pek çok kodaman gibi onun da beyni, kalbi ve midesi yumuşamıştı. Misenum'daki "bu kadar çok sayıda ve büyük savaş ve keşif seferinde hizmet etmiş birinin dönüşebileceğinden çok daha kadınsı ve lüks içinde döşenmiş" sefa âlemlerine çok düşkündü. Burada Plutarkhos o zamanın mülkiyet değerleriyle ilgili ilginç bir tartışmayı sürdürür. O bölgelerdeki villa fiyatlarının birkaç yıl içinde nasıl arttığına dair bu tartışma, geçen haftanın *New York Observer*'ında çıkmış bir yazı gibi okunabilir. Savaşçı kodamanların kariyerlerinde belli bir aşamaya geldiklerinde kendilerini içinde buldukları ortam budur. Tecrübelerime göre, bir yönetici Palm Beach, Malibu ya da Hamptons'taki kaçamak yerlerinin mucizeleri hakkında konuşmaya başladıysa çöpe atılma vakti gelmiş demektir.

Buna karşı koymadıklarından değil. Bir film vardı, tanıdığım birkaç yaşlı kodamanı bana o kadar çok hatırlatıyordu ki gözlerim küçük zevk yaşlarıyla doluyordu. Filmde, kendi çağının standartlarına göre antikalaşmış, yaşam savaşında harap olmuş, şişmanlığın da ötesine geçmiş Marius'un genç adamların her gün çalıştığı ve buz tutmuş çocuklarla egzersiz yaptığı alanlara giderek hâlâ ata binebildiğini ya da işleri halledebildiğini, silah kuşanabildiğini gösterdiği anlatılıyordu.

Marius'un, savaş tanrısı Mars'ın sahasında çalım atarak dolaşması bayağı komik görünüyordu. Peki ya rahat koltuğunu bırakıp Kapadokya'ya Mithradates'le savaşmaya gitme arzusuna ne demeli? Bu da yine ayrı bir şeydi; yaşlı generalin kendine hayranlığının ve gençlik hezeyanlarının politik sebeplerle üstün gelmesine izin verilseydi, Roma için bile tehdit oluşturabilecek kadar tehlikeli bir şey olurdu bu.

Yine de sağlam bir deneme yaptı. Birkaç yıl önce olduğu gibi o dönemde de şirketin merkezi sayısız saray darbesine maruz kalıyor, yönetici katında hainler arkadan bıçaklayarak birbirlerine saldırıyorlardı. 90'larda Xerox'ta olduğu gibiydi her şey. Şirket genel merkezinde zayıflık hisseden Sulpicius –daha en başta Marius'u zorlayan adam– en üst kademeden altı yüz kadar plebin aklını çelerek onlara antisenatörler adını verdi. Bunların koruyuculuğunda yönetim kurulunun toplantı odasına girdi, minik pastalarını yiyerek havadan sudan konuşan patricilere saldırdı, kaçan oğullarından birini alıp öldürdü. Asla aptalca bir cesurluk yapmayacak olan Sulla'yı kaçarken gözlerine kestirdiler ve hiç de iyi olmayan bir niyetle onu sokakta kovaladılar.

İşte yine kendimizi Marius'u takdir ederken bulduğumuz bir noktaya geldik. Çünkü Sulla kendini nerede buldu? Marius'un kapısında. Onu kim içeri aldı? Evet, bildiniz. Marius onu gizledi, yavaşça arka kapıdan çıkardı, böylece Sulla kaçtı ve Roma tarihini değiştirmek üzere yola devam etti. Bu değişim daha iyi yönde olmasa da durum buydu. Daha sonra Sulla bu hikâyeyi tümüyle inkâr etti, kılıçla dövüşürken birinin üstüne gelerek onu evin içine sürdüğünü filan anlattı. Ama biz Sulla'ya güvenmiyoruz. İğrenç biriydi o. Marius'un davranışı ise Romalı Marius karakterine uyuyordu. Kendi efsanesine ve bu efsanenin şirket fikriyle örtüşmesine hayran bir adam olan Marius, kişisel çıkarına tamamen uygun olsa da düşmanının bir grup suikastçı tarafından küçük düşürülmesini istememişti.

Birini öldürecekse, bu dürüstçe olmalıydı. Roma tarzı buydu. O gün de, şimdi de.

Ancak gün Sulpicius'un günüydü. En azından bir süreliğine işin başına geçmişti. Ordunun yönetimini Solcu arkadaşı, halkın eski adamı Marius'a verdi. Marius yeniden yetki sahibi olunca eli ayağı titremiştir herhalde. Adamlarını Sulla'ya gönderdi. Sulla, hepsi vatandaşlardan oluşan otuz beş bin askerden, tepeden tırnağa silahlı gazilerden oluşan bir ordunun başındaydı. "Kafayı yemiş bunlar," diyerek Roma'nın üstüne yürüdü. Orduyu bütünüyle kendi şirketi olarak gören ilk general oldu ve bu o kadar güçlü bir bakıştı ki onu kendi çıkarları için bir silah olarak kullanmasını makul gösterdi. Sulpicius'tan geri almak için şirket genel merkezine doğru yola çıkmadan önce Marius tarafından gönderilen yüksek rütbeli subayların öldürülmesini sağladı, çünkü öyle ya da böyle Marius da aynı şeyi onun adamlarına yapmıştı. Kimse bu adamların iyi kalpli olduğunu iddia etmiyordu.

Marius ve tesadüfen Genç Marius adını alan oğlu bir süre Sulla'nın güçlerine karşı savaştı ama kazanmaları imkânsızdı. Yanına damadını da alan Marius Roma'dan kaçtı, önce taşradaki malikânelerinden birine, sonra da Ostia limanına gitti, kısaca vedalaşmak ve kumanyasını almak için eve uğradı ve Afrika'ya doğru yelken açarak bu beladan çabucak sıyrıldı. Sadık bir çiftlik kâhyasının yardımıyla fasulye dolu bir at arabasına binerek kaçan oğlu da Marius'un ardından gitti.

Şimdi destanın en inanılmaz kısmı başlıyor. Bu tür adamların sahip olduğu o çılgınca enerjiyi görünce hayretler içinde kalıyorsunuz. Bu insanlar dünyaya baktıklarında kendilerini onun en tepesinde otururken görüyorlar, bunun dışında bir dünya görmeleri neredeyse imkânsız. Deniz yoluyla kaçarken Marius gergindi. Düşmanlarından biri tarafından yönetilen Terracina'yı geçiyorlardı. Ancak dediklerine göre karanlık ve fırtınalı bir geceydi. Herkesi deniz tutmuştu, perişan haldelerdi, rüzgâr da onları kıyıya doğru atıyordu. Kayaların ve köpüklerin içinde kalmışlardı ve burası Marius'un hiç de olmak istemediği bir yerdi.

Fırtına kötüleşiyordu. Yiyecekleri tükenmişti. Oldukları yerde kalmaları da tehlikeliydi, iç kısımlara doğru ilerlemeleri de. Onlara yiyecek ve su verecek insanlar bulmaları gerekiyordu, ama karşılaştıkları her insan görüp görebilecekleri son kişi olabilirdi.

Geç bir saatte, kumsalın yanındaki bayırlarda dolanırken onları tanıyan bir grup çobana rastladılar. Gazetelerin, fotoğrafın ya da televizyonun icadından birkaç yıl önce olduğu için ilginç bir şeydi bu. Buna rağmen onları tanıyan birileri çıkmıştı. Ayakta zor duran, acıkmış, üşümüş, sırılsıklam olmuş, Romalı olsun ya da olmasın silahlı herkesten kaçan, artık yaşlanmış ve tükenmiş bu adamın medeni ya da medeni olmayan dünyadaki ünü bu kadar yaygındı işte.

Çobanlar epey dost canlısıydı. Marius'a ortadan kaybolmasının iyi olacağını söylediler, çünkü atlı bir grup onu bulmak için o sırada bile köyleri didik didik arıyordu. Hal böyle olunca, yardımcıları onu yüzüstü bırakıp kendilerine yiyecek bulmaya gittiler. Yalnız kalan ve korkudan ödü patlayan Marius koşarak sık bir ormana girdi, orada uzun ve sefil bir gece geçirdi.

Ertesi sabah, açlıktan ölmek üzere ve çaresiz bir halde, tüm gücünü toplayarak birliğini aramaya çıktı ve bir kez daha yönetici kişiliğinden gelen gücü geri çağırdı. Adamlarına yanından ayrılmamalarını söyledi. Peki neden? Çünkü, dedi onlara, çok gençken içinde yedi yavrunun olduğu bir kartal yuvasını devirmişti. Kâhinler o zaman bunun küçük Marius'un büyüdüğünde yedi kez Roma konsülü olacağının işareti olduğuna karar vermişlerdi. Kalabalığın içinde sabrı tükenmek üzere olan Marius henüz altı kez konsül olmuştu. *Quod erat demonstrandum.**

---

* "Gösterilmek istenen şey de buydu" anlamına gelen ve kesin bir kanıtın sonunda kullanılan Latince ifade –çn.

Böylece karşılarındaki bu gözü dönmüş, dengesiz adamın tekrar konsül olacağı kanıtlanmış oluyordu, bu yüzden de onun sinirini bozmaktan kaçınmalıydılar. Bilin bakalım ne oldu? Ona kandılar.

Yöneticilik budur işte.

Gittikleri belli bir yer olmadan kaçarken onlara son hızla yaklaşmakta olan bir grup atlı gördüler. Hemen denize yöneldiler, iki gemi gördüler. Gidecek hiçbir yer yoktu. Yapacak hiçbir şey yoktu. Kalan son güçleriyle koştular ve suya atladılar. Bir grup sığınmacı gemilerden birine ulaşmayı başardı ve emniyete alındı. Ancak ağır ve bitkin olan Marius suyun içinde kaldı ve adları tarihin sayfaları arasında kaybolup giden iki hizmetkârın çabaları sayesinde çıkabildi. Onlar hakkında çok az şey biliniyor, iki şey hariç; birincisi patronlarını kurtardılar, ikincisi bunun karşılığında muhtemelen şirketten hisse satın alma hakkı filan verilmedi onlara.

Marius ikinci gemiye çekilerek çıkarıldı ve oflayıp puflayan kocaman bir köpekbalığı gibi güverteye yığıldı. Bu arada peşindeki adamlar sahile varmış, çekişmeye neden olan yükü kendilerine teslim etmeleri için gemiye doğru bağırmaya başlamışlardı. Marius ağladı ve hayatını kurtarmaları için yalvardı. Geminin kaptanı bir o tarafa bir bu tarafa gitti ve sonunda kumsaldaki kötü adamlara basıp gitmelerini söyledi. Adamlar da küplere binmiş bir halde oradan ayrıldılar. Onlar gittikten sonra kaptanın gözü korktu ve daha iyi bir rüzgâr beklediğine dair saçma bir hikâye uydurup yakınlarda bir yerde kıyıya yanaştı, yiyecek ve içecek araması için Marius'u cesaretlendirdi ve yaşlı adam arkasını döner dönmez onu öylece yalnız bırakarak yelken açıp uzaklaştı.

Hayatı boyunca neredeyse her etkinliğe katılan bir yönetici için birdenbire yalnız bırakılmanın nasıl bir his olduğunu biliyor musunuz? Artriti olduğu için fermuarını yardımcılarına çektirmek zorunda olan çok üst düzey bir yetkili tanıyorum. Yanında kimse olmadan sokakta yürüyemeyen başkaları da var.

Marius sahilde, kumun üstünde sessizce ve acı içinde yatıyordu. Açlıktan kıvranıyor, öfkeden kuduruyor, içi kan ağlıyordu. Enkaza dönmüş acıklı bedenini nereye gittiğini bilmeden sürüklemeye başladı. Hareket halinde olması gerektiğini, yoksa öleceğini biliyordu.

Yetmiş yaşına gelmiş, en lüks, en şımarık yaşam biçimine alışık olan bu adam şimdi derin bataklıkların, suyla ve çamurla dolu hendeklerin içine bata çıka yürüdü ve sonunda bataklık arazide çalışan bir ihtiyarın kulübesinin önünde buldu kendini. Böyle bir yerde çalışmak için ne yapılması gerektiğini bilmek zor gerçekten. Yapmak isteyene her yerde iş bulunabiliyor galiba. Marius ihtiyardan yardım istedi, kaçıp kurtulması karşılığında büyük bir ödül vaat etti. Ev sahibi ziyaretçiye acıdı, onu çok gizli bir yere götürdü ve sazlardan yapılmış bir yatağa yatırarak dinlenmesini söyledi.

Çok geçmeden atlılar gelip kulübeye daldılar, yaşlı bataklık işçisini fena patakladılar ve Marius'u sakladığı yeri ihtiyara zorla söylettiler. Adamımız için şanslı bir gün değildi. Kısa bir süre sonra ölümünün at üstünde yaklaştığını duydu. Hemen ayağa kalktı, üzerindeki giysileri çıkarıp yakınlardaki bir çamur birikintisinin içine daldı. Ama bu hiçbir işe yaramadı. Onu buldular, çamurun içinden çekip çıkardılar ve çırılçıplak halde düşmanının ofisine götürdüler. Bu düşman, Roma'nın dostuydu – artık Marius'un düşmanı olan Roma'nın.

Bu tip adamlara karşı yapılacak en akıllıca şey hemen oracıkta öldürmektir. Ancak onlar şaşırtıcı ve bayağı aptalca bir şey yaptılar; bu deli, cani moruğu öldürmeyip bir süre ne yapacaklarını düşünmeye karar verdiler ve bunu yaparken de onu Fannia adlı bir kadının evine bıraktılar. Fannia, Marius'un altıncı konsüllüğü zamanında onun tarafından hüküm verilmesine sebep olan bir olay yaşamıştı ve kendisine karşı takınılan tavırdan memnun kalmıştı. Ünlülere hayranlık duyan bu merhametli kadın Marius'u yatıştırdı ve şahlanan bir eşeğin ona şans getireceğine dair deli saçması hikâyeyi –boş verin– dinledikten sonra adamın küçük, şişko kafasında muhteşem dönüşüyle ilgili görüntüler dans ederken odasının kapısını kapatıp onu dinlenmeye bıraktı. Hikâyenin bir versiyonunda sert, yaşlı savaşçı uykuya çekilmeden önce kadınla yatar. Bunun doğru olduğunu düşünmek istiyorum.

Olay daha da inanılmaz hale geliyor. Düşmanlarından oluşan konsey toplandı ve hiç vakit kaybetmeden Marius'un öldürülmesine karar verildi. Tek sorun, bu işi yapacak güçte hiçbir Romalının olmamasıydı. Nedenini anlayabiliyorsunuz. Sonunda gönüllü bir Galyalı ya da

Kimberli buldular. Bu da yine şaşırtıcı değildi, gündelikçi danışmanların ne olduğu belliydi. Suikastçı kılıcını çekerek içeri girdi. Oda karanlıktı, Marius'un yattığı döşek daha da koyu bir karanlığın içine gizlenmişti. Sonra, zifiri karanlığın içinden bir çift göz yanan közler gibi parladı, derin ve gür gibi bir ses gümbürdedi: "Dostum, Caius Marius'u öldürmeye cüret mi ediyorsun sen?" Barbar, kılıcını düşürerek arkasını dönüp odadan kaçarken böyle heybetli bir yöneticiyi öldürmeye gücünün yetmediğini haykırıyordu.

Bu olaydan sonra herkes ne yapacağını bilemez halde oturup kaldı. Bir süre sonra tartışma karanlık odadaki adamın hayatı boyunca İtalya için ne yaptığına döndü. İnsanlar merhamet, minnettarlık ve vicdan azabı hakkında konuşmaya başladılar. Çok geçmeden de adamı öldürmek yerine sürgüne göndermeye ve bunu yaptıkları için tanrılardan af dilemeye karar verdiler.

Yöneticinin kişiliğinden kaynaklanan güçle dönüşüm geçiren düşmanları, onu bekleyen bir gemiye bindirdiler, o da bu gemiyle kaçıp Kartaca'ya gitti. Buradaki yerel yargıçtan aldığı tehditler eşliğinde denize geri gönderildi ve Akdeniz'in hatırı sayılır bir kısmında dolaştı. Bir noktada oğluyla buluştu ve büyük bir sevinç yaşadı. Sonra da evsiz barksız sürgün hayatına devam etti.

Bu arada Roma'da iç çatışmalar ve tabii bizim oğlan üzerinde büyük bir etki yaratacak gelişmeler oluyordu. Bütün bunlar daha sonra kanıtladı ki kodamanlar söz konusu olduğunda fırsatını bulduğunuzda onları öldürmeniz hayrınızadır.

Sulla, Boeotia'da Mithradates'le savaşırken tüm ne idüğü belirsiz, orta düzey yönetici konsüller kendi aralarında savaşmaya başladılar. Bir süreliğine üste çıkan Octavius adlı ikinci dereceden bir oyuncu, zorbalığa kalkıştığı için Cinna'yı Roma'dan kovdu. O dönemde şirketin güçlü bir merkezi yönetim eksikliği hissettiğinin ve ölümcül kodamanlarla dolu olduğunun fazladan bir kanıtı olmasının dışında Cinna hakkında fazla bir şey bilmemiz gerekmiyor. Cinna genel merkeze dönmek için bir ordu kurarak muhalifleri derhal bastırdı. Her zaman hazırda beklediğini bildiği şansı tekrar kendi tarafına çevirme fırsatını kimin gördüğünü tahmin etmek için biliminsanı olmanıza gerek yok.

Marius geri döndü! Hemen İtalya'ya doğru yelken açtı, gözünü kan bürümüştü, görülecek tonlarca hesap vardı. Etruria'da karaya çıkınca, iyi bir dönüş hikâyesini seven pleblerden oluşan büyük bir kalabalık tarafından karşılandı. Geri dönen üçkâğıtçı kodaman yerli köleleri serbest bırakarak manşetlere oturdu, insanları coşturdu ve "Yanlış adama bulaştınız," dedirtecek bir süratle, kırk gemiyi doldurmaya yetecek kadar savaşçı topladı. Plutarkhos kuru bir gözlemle komik şakalarından birini yapar: "Octavius'un iyi bir adam olduğunu ve işini hayal edilebilecek en üst seviyede dürüstlükle yönetmek istediğini, Cinna'nın da Sulla tarafından arandığını bilen Marius, güçleriyle birlikte Cinna'ya katılmaya karar verdi. Konsül olarak ona itaat etmeye hazır olduğunu bildirmek üzere bir mesaj gönderdi."

Cinna, Cumhuriyet'in namlı ihtiyarını prokonsülü ve genel müdürü olarak kabul etmekten fazlasıyla memnundu. Marius kendini mükemmel bir şekilde yeniden pazarlamaya girişti. Öncelikle makamın tüm mühürlerini ve sembollerini reddetti, mevcut statüsünün daha fazlasına izin vermediğini söyleyerek normal bir asker gibi giyindi. Sonra da saçını kesmeye boşvererek uzun süredir sürgünde olan bir adam gibi görünmek için halkın içine paspal bir kılıkla çıktı. Bütün bunlar halkın adamı olan biri için çok etkileyici şeylerdi, onun ve Cinna'nın ayartmaya çalıştığı, Senato'ya ve düzene karşı olan kitleye hitap ediyordu.

Yerinden edilen bu üst düzey yönetici için üzülüyor muyduk? İçinde bulunduğu durum acıma duygumuzu harekete mi geçirdi? Aptallığımıza doymayalım.

Saçları ağarmış olan Marius, yeni ordunun desteği ve başarma azmiyle kaybettiği zamanı telafi etmeye girişti. Roma'ya ve düşmanlarına erzak temin eden gemilerin yolunu kesti, onları yağmaladı ve Ostia limanında denize döktü. Muhtemelen sürgündeyken bu şehrin oynadığı rolün intikamını almak için orada yaşayan bir sürü insanı da öldürerek düşmanca bir tavırla şehre el koydu. Yiyecek ve içecek tedariki iyi yapılmış ordusuyla bundan mahrum kalmış olan şirket genel merkezine doğru yürüdü ve avantajlı bir tepede güzel, cazip bir pozisyon aldı.

Mevcut üst düzey yönetimin hiç şansı yoktu, çünkü oyunu Konsül Octavius'un inandığı onurlu kurallara göre oynuyorlardı. Octavius,

Marius'un yaptığını yapmayıp köleleri özgür bırakmayı reddetti ve böylelikle işçi tabanının büyük ve güçlü bir kısmını uzaklaştırmış oldu. Daha sonra ordu, sürgüne gönderilmeden önce Marius'un haksız yere ihanet ettiği adamın oğlu olan genç Metellus'a yanaştı ve Marius'a karşı savaşta yönetimi devralması için ona yalvardı. Metellus, aptalca ve erdemli davranarak konsüllük makamının yüceliğine saygı duyduğunu belirtti, öfkeyle orduya geri dönüp bu yüksek makama seçilen adama, Octavius'a hizmet etmelerini söyledi. Sonra da şehri terk etti.

Octavius ise Keldani kâhinlerine danıştı, onlar da ona her şeyin yoluna gireceğini söylediler. Bu yüzden Octavius kılını kıpırdatmadı. Sonunda Marius'un şehre saldırmadan önce gönderdiği katiller tarafından yönetim kurulundaki sandalyesinden indirilerek öldürüldü. İhtiyar böylece taş atıp kolu yorulmadan kazanmış oldu, çünkü oyunu kendi istediği gibi oynuyordu. Kodamanlara karşı bürokrasi ölümcül bir dezavantajdır, çünkü bürokratlar için kurallar elde edilecek sonuçtan daha önemlidir.

Her halükârda Roma'nın Marius'la Cinna'yı yönetici katını devralmak üzere davet etmekten başka çaresi yoktu. Cinna daveti, davetin ruhuna uygun bir şekilde, nezaketle ve bir kral gibi kabul etti. Marius ise durup düşüncelere daldı. Aklından geçenler konusunda şüpheye yer yoktu.

Şirket merkezinin kapılarına vardıklarında Cinna içeri girdi, ancak Marius geride kaldı. Sürgün edilmesine neden olan yasa kaldırılana kadar şehre girmeyi reddetti. Çünkü söylediğine göre, Roma hukukuna o kadar büyük bir saygısı vardı ki yasaları bu halleriyle takmıyordu. Ancak vatandaşlar oy verirken sabrını yitirdi ve özgür bıraktığı kölelerle işbirliği yaparak kapılardan geçip insanları öldürmek üzere şehre daldı, ölüm emrini bazen açıkça bazen de sadece adamlarına başıyla işaret ederek verdi. Karşısına çıkıp da onu saygıyla selamlamayanlar derhal yok edildi. Selamlayanların ise yüzde elli şansı vardı. Bir süreliğine dostları bile nerede durduklarını bilemediler. Sadece kan gölünün içinde durduklarının farkındaydılar.

Bir süre sonra Cinna bütün bu katliamdan bıkıp usandı ve yapacak başka şeyler düşünmeye başladı. Ama gözükara, sebatkâr, keskin zekâlı kodaman dostumuz Marius, şirketler tarihine ilk meşru terör dalgası olarak geçmesi gereken uygulamalara daha yeni başlıyordu. Her gün, geçmişte canını sıkmış olabilecek insanları, onların arkadaşlarını, sevdiklerini, bahçıvanlarını ve berberlerini arıyordu dört bir tarafta. Sokaklar bir şeyden şüphelenilme ihtimalinden kaçan insanlarla doluydu, şüphelenilmek lanetlenmek demekti çünkü. Tarih boyunca yaşanan bu tür tüm spazmlarda olduğu gibi sonunda dostlara ya da aile üyelerine güvenmek imkânsız hale geldi, çünkü sizi bir an için bile olsa rahatsız eden birini ihbar etmenin avantajı büyüktü. Kardeş kardeşi gammazladı, yönetici yardımcısını sattı. Marius için ihanet, eski güçlerden kurtulup yeni güçleri kazanmanın etkili bir yöntemiydi. Cumhuriyet diye bir şey kalmamıştı. Proletaryanın diktatörlüğü söz konusuydu, çünkü bu kodamanı destekleyenler hep lümpenler ve işçi sınıfı olmuştu.

Sulla'nın muzaffer İtalyanlardan oluşan dev bir orduyla yola çıkması, korkuyla sinmiş her Romalı için iyi bir haberdi ya da öyle olduğunu düşünüyorlardı. Sulla Mithradates'i denize döküp işletmelerine el koymuş, şirketin erişim alanını Küçük Asya'ya kadar genişletmişti.

İhtiyar Roma'da oturmuş, üzerine çullanmak üzere gelen bu yöneticiyle çarpışmayı bekliyordu. Çok saldırgan ve etkili olan bu iç düşmana karşı Marius'un formunda olması gerektiğini bilen dostları onu yedinci kez konsüllüğe seçti; böylece doğumundaki kehanetin de gerçeğe dönüşmesini sağladılar. Bir şey daha kesindi: Sekizinci seferin olacağına dair bir kehanet yoktu. Bu kadardı. Marius da bunu biliyordu.

Yorgundu, hastalıklarının ve endişelerinin altında eziliyordu. Lityumunu almamış bir Ted Turner gibi bunalıma girdi. En kötüsü de, deneyimleri sayesinde geleceğini bildiği şeyin gölgesinde iyice korkaklaşmasıydı. Korku mu? Böyle bir şeyi en son ne zaman hissetmişti? Sulla ve ahbaplarının hükmüne karşı gelerek küçük bir ahşap kayıkla firar ederken mi? Hayır. İşkencecilerinin elinden kaçarken buz gibi soğuk bataklığın içine düşünce mi? Hayır. Kimberlere ve Tötonlara karşı cesurca savaşırken mi? Hayır. Peki ya şimdi? Birkaç togalı muhallebi çocuğuyla yardakçılarını son bir kez alt etmişti, ama şimdi Roma ordusunun en iyi birlikleriyle karşı karşıya gelmesi gerekiyordu. Olay gerçekleşmeden önce sonucunun ne olacağını hissetti. Ve yüreği sıkıştı.

Bugünlerde her şey saniyenin milyarda biri içinde olup bitiyor. Savaş ilan ediliyor ve imparatorluğun özgürlüğünü muhafaza ettiği ya da sahip olmadığı özgürlüğe kavuşturduğu şanslı ülkenin semalarında insansız hava araçları beliriyor hemen. Romalılar için zaman farklı bir metâydı. Galyalılar geliyor! Ne zaman? Önümüzdeki Haziran'da, bugünden altı ay sonra. Tötonlar Ren Irmağı üzerinden akın ediyordu! Onların icabına bakarız! Ne zaman? Oraya vardığımızda. Sulla bizi mahvetmeye ve kendi terörünü estirmeye geliyor! Kötü Sulla! Alçak Sulla! Buraya varması ne kadar sürer? Altı hafta? İki ay?

Marius geceleri uyumuyordu, korkuyordu, uyanık kalıp korkmaktan da korkuyordu. Ve böylece, Nixon'ın son günlerinde şirket genel merkezinin boş koridorlarında gezinmesi gibi Marius da içmeye başladı. Şaraptan aldığı kocaman yudumlarla korkusunun, uzayıp giden saatlerin izlerini siliyor, pes ediyordu. İçkiyle zayıf düşünce zatülcenbe yakalandı. Birkaç arkadaşıyla birlikte bahçesinde yürüyüşler yapmaya başladı. Geçmişteki zaferleri ya da hafızasında zafere dönüşen olayları yeniden yaşıyor, bir süre sonra da yatağına gidiyordu. Aradan bir hafta geçtikten sonra Sulla şehre girip başını gövdesinden ayırınca Marius öldü.

Son birkaç günde işi bir tür deliliğe vurduğunu söyleyenler var. Vahşi bir çılgınlıkla ofislerini gezip herkesi azarlıyor, Mithradates'i devirenin kendisi olduğunu hayal ediyor, geçmişte ona çok şey kazandırmış olan savaş sahnelerini hüzünlü bir şekilde taklit ederek kendini yerden yere atıyor, attığı azgın savaş çığlıkları her yerde yankılanıyordu. Yedi kez konsül olmasına ve bilinen dünyayı fethetmesine rağmen tam da ona uygun bir şekilde, tamamlayamadığı bir sürü şey olduğundan, kendisine yapması için şans ve güç verilmediğinden, yarım kalmış onca şeyden acı içinde şikâyet edip duruyordu.

Kodaman eninde sonunda kendisini benmerkezci küstahlığının altında hep bir kurban, empatiye, ilgi ve şefkate layık biri olarak görür. Bunun bir kısmı paranoya −herkes benim peşimde!−, bir kısmı da kendine acımadır −ben olmanın nasıl bir şey olduğunu kimse bilemez!−, ancak sonuç itibarıyla bu her büyük yöneticinin içindeki küçük çocuğun çığlığıdır, yeterince beslenmemiş, yeterince saygı görmemiş, normal bir insan olmak için ihtiyaç duyduğu sevgiyi hiç alamamış bir çocuk.

Akıl sağlığı yerinde bir toplumda bu tür insanlar, egoları aşağı ya da yukarı çekilerek tedavi edilmeleri gereken hasta bireyler olarak görülür ve onlarla belli bir mantık çerçevesinde ilgilenilir. Akli dengesini yitirmiş bir toplumda bu patolojik devler yüksek yerlere geliyor, ellerine yetki veriliyor, saygı görüyorlar. Er ya da geç hem bireysel hem de grup olarak kendilerini yok ederek yeni bir yönetici türüne dönüşüyorlar. Ancak kendisini devlet, devleti de kendisi olarak tanımlayan girişimci kodaman, kendisine can veren şirket kültüründeki yaşamlar ve hayaller üzerinde inanılmaz büyük bir güce sahip oluyor.

Böylelikle Marius, yedinci konsüllüğünün on yedinci gününde ölünce herkes bundan çok memnun oldu. Yerine geçen oğlu Genç Marius da, şaşırtıcı bir biçimde korku salmaya devam etti. O da Sulla tarafından yenilgiye uğratıldı. Sulla ondan da beterdi. Kurumsal hikâyemiz ilerledikçe, Romalılara özgü karakterde varolan hangi özelliğin nesiller boyu üst düzey yönetimde cinayeti iş yapma aracına dönüştürdüğünü defalarca düşünmeden edemiyorsunuz. Onların elinin altında da çalışan sayısını azaltma yaklaşımından dolayı her CEO'yu kutlayan *Business Week*'e denk bir dergi vardı belki.

Güzel Günlerin Sonu

Yaklaşık MÖ 63 yılında, bütün bunların üzerinden çok geçmeden, asker, siyasetçi, birinci sınıf tarihçi-yazar ve sıkı bir keyif düşkünü olan Gaius Sallustius Crispus, çılgın Cumhuriyetçi kodamanların etrafta koşuşturduğu ve yüzlerce yıldır gayet güzel işleyen bürokrasinin onları zaptetmekte yetersiz kaldığı zamanlarda Roma AŞ'de hayatın nasıl olduğu üzerine yazdı.

Ele aldığı konu, diğerlerine göre önemsiz sayılabilecek bir başkan yardımcısı olan Catilina'nın, rapor vermekle yükümlü olduğu bütün bir üst düzey yönetim yapısına karşı kurduğu komploydu. Bu bölümde, Julius Caesar'ın iktidarda olan herkesin birbirine nasıl saldırdığını gördüğünde kendini nasıl bir durumun içinde bulduğunu net bir şekilde göreceğiz. Bu konuyla ilgili bir şeyler yapmaya karar vermesi boşuna değilmiş.

Marius ölmüştü. Nefret edilen rakibi Sulla iktidardaydı. Şimdilik pazarlıkta elleri güçlü olan bu adamlardan biri olsanız bile şirket genel merkezindeki gündelik hayat gerçekten de yaşamaya değmezdi.

Oyunun böylesine yozlaştığı bir aşamada Sallustius bize yönetimde bir yere sahip olan herkesin hırsız ve yağmacı olduğunu ve her birinin de kendi işini yürüttüğünü söyler. Bazıları evlerle ilgileniyordu, bazıları da hiç değer kaybetmeyen tek varlık olan arazi işindeydi; üstünde daha güçsüz biri yaşıyor olsa da arazi her zaman makbuldü. Zengin ve açgözlü olanların en sevdikleri meşgalelerden biri elde edilen yapının tamamını yerle bir etmek ve daha çok yeni mal sahibinin zevkine göre inşa etmekti. Tıpkı bugün Beverly Hills'teki kodamanların yaptığı gibi.

Zalimlerin ve baş belalarının çoğu Sulla'nın eski askerleriydi, artık özgürdüler ve en az Sulla kadar suratsızdılar. Hemen her yerde sonuna kadar savaşmış olan bu adamlar, büyük ölçüde gönüllü olarak savundukları şehirde astığı astık kestiği kestik bir tavırla dolaşma, kentin altını üstüne getirip her yeri kana bulama hakkına sahip olduklarını varsayıyorlardı.

Tarihçinin gözlemleri arasında en akılda kalıcı olanı ise, Roma toplumunun bu özel versiyonunda fakirliğin bir utanç, zenginliğinse erdemli olmakla eşdeğer olarak görülmesiydi. Masumiyet ve idealizm, zevksizliğin en aşağı seviyedeki ifadesiydi. Tanıdık geliyor mu?

Bugün yaptıkları gibi, tepedekilerin değerleri buralara doğru yükselmekte olan nesle nüfuz ediyordu. Sallustius şöyle yakınıyordu (Sağcı bir radyo programı konuğu gibi geliyor biraz kulağa):

> Lüks, para kazanma hırsı, başarının getirdiği gurur gençler arasında iyice yaygınlaştı. Haris ve müsrif olarak yetiştiler. Kendilerinin olanı değersizleştirdiler, alçakgönüllülüğü ve itidali hiçe saydılar, kutsal olanla dünyevi olan arasındaki farkı kaybettiler, nezaket ve nefsine hâkim olma gibi şeyleri toptan bir kenara attılar.

Genç olmak için iyi bir dönemmiş gibi görünüyor. Öyle olsa bile bu tanım, tanıdığınız ve sevdiğiniz herhangi bir genci hatırlatıyor mu size? Ya da başlangıç pozisyonları için her gün işe almanız gereken gençleri? Wharton'dan yeni mezun olup yönetici seviyesine gelen şu gence bakın, koridorun sonundaki küçük ofise nasıl da yerleşmiş. Dün gece kaç tane Jägermeister devirdi acaba? Kaç kızla yatıp kalkıyor?

Sex and the City'nin hiçbir bölümünün, açık saçık şehir sefahatleri hakkında rahmetli Cumhuriyet'in hikâyelerinden daha şehvetli bir senaryosu olmamıştır. Çarpık arzular! Ahlaksızlık! Tiksindirici lüks! Akıllara ziyan! Peki biz neden davet edilmedik?

Erkeklerle kadınlar gece gündüz, canları istediğinde, güpegündüz bile sevişiyorlar, karınları aç değilken, sadece duyumsal haz almak için yemek yiyorlar, yalnızca utangaçlıklarından ve yaz sıcağında giymek zorunda oldukları giysilerden kurtulmak için içiyorlardı. İğrenç! Edepsiz! Neden o eski, güzel Roma değerlerini yansıtan davranış biçimini sürdüremiyorlardı ki? Mesela iş yapmak bahanesiyle insanları öldürmek...

Sallustius bu tür şeyler karşısında çok hırçın davranıyordu, özellikle de kendisi siyasi düşmanları tarafından her türlü çirkin ahlaksızlıkla suçlandığı için. Neyse ki kendi eğilimleri başkalarına kem gözle bakmasına engel olmadı, yoksa böyle bir sürü müstehcen hikâyeden mahrum kalırdık.

Tarihöncesinin eşiğindeki bir toplum olabilirdi bu, ama yetki ve suç arasındaki ilişki, genellikle de çok zenginler arasında gözden kaçmadı. Zenginliğin onur ve itibar gibi şeylere üstün gelen önemi yüzünden birçok genç adam babalarının parasını har vurup harman savurduktan sonra dilendi, borç aldı, yasal olarak kendilerine ait olmayan şeyleri çaldı. Acımasız ve son derece materyalist genç adamlardan oluşan, seks ve içki âlemlerini dolduran genç bir kadro şehirde kol geziyordu. Henüz onlara gangster denmiyordu.

Sahneye Catilina çıktı. Çok kötü biriydi ama emrinde çalıştığı ya da onun için çalışan birçok insandan daha kötü değildi. Çağının adamıydı, imkânların farkındaydı. Yönetici sınıfın hayta çocukları, onları uçuracak ufak bir heyecan için her şeyi yapabilecek, çürümüş ve iyice azmış gençlerden oluşan kaymak tabakası emrine amadeydi. Hepsi borç batağındaydı. Abilerinin yardımı olmadan ayakta kalabilecek kadar paraları yoktu.

İşte o abi Catilina'ydı ve onlara nasıl yardımcı olacağını gayet iyi biliyordu. "Dört bir taraftaki tüm katiller ya da günahkâr kimseler," diye yazar Sallustius, "suçlarından dolayı mahkûm edilmiş olan ya da mahkûm edilmekten korkanlar, aynı şekilde dilleriyle ya da elleriyle yalancı şahitlik ya da katliamla geçinenler, kısacası kötülüğün, fakirliğin ya da suçluluk duygusunun kışkırtmasıyla hareket eden herkes Catilina'nın dostuydu."

Bu ahlaksız madrabazlar sürüsü, Catilina'nın şirket kültürü vizyonuyla uyumlu haberdar kişilerden oluşan sağlam bir tabanı temsil ediyordu, arkası sağlamdı gerçekten de. Ancak bunlara ek olarak, ihtimallere bakıp Catilina'yla adamlarının kazanabileceği sonucuna ulaştıkları için onunla birlikte yürümeye hazır olan çok sayıda sade vatandaş da vardı. Bu deli, gözü dönmüş alçakların bir vizyonu vardı en azından. İşler böyle de hiç yolunda gitmiyordu zaten. Bari kazananların tarafında olsunlardı, değil mi?

Çürüyen bir bürokraside insanların gerçek çıkarlarının nerede olduğundan emin olmaları zordur. İnsanları harekete geçiren başka bir güç olmadığına göre kişisel çıkar birincil itici güçtür. Bir tarafta bu aşağılık herif yönetici koltuğuna oturmayı kafaya koymuş gibi görünüyor. Kimbilir? Belki de başarır. Peki ya sonra? Öbür tarafta da başka züppeler var. Kimin tarafındasın? Muhtemelen hemen daha yüksek ödeme yapanın tarafında. Bu da, gördüğümüz gibi, Catilina demekti. Marcus Wallibus'a hiç sebep yokken bir Z3 vermişti.

Catilina'nın önerdiği Kuzey Afrika'da bedava konutla şirketin savaş arabasının alternatifi neydi peki? Nefret edilen fakirlik! Parasızlığın şirketteki sosyal ve siyasal duruşunuzu ne hale getirdiğini gördük o zaman. Bu yola girdiğinizde hiçbir şey bir diğerinden farklı değildi gerçekten de. Büyük toplumsal sistemlerde olduğu gibi şirketlerde de sınıflar vardır. Ve babadan oğula geçen bir hiyerarşi yoksa, aristokrasiyi, iktidarı ve en kabarık cüzdanı sağlayan genellikle zenginliktir.

Böyle bir ortamda, hâkim olan değerlere kapılmayıp düzgün kalabilmek için çok sağlam bir orta düzey yönetici olmak gerekiyordu.

Şirketlerdeki yeniden yapılanmalar işte böyle doğar, orta kademedeki yöneticilerin hırsıyla, ezikliğiyle ve kişilik bölünmesiyle. Ve üçkâğıtçı üst düzey yöneticilerin bütün güçleriyle bunun üzerine oynadıkları kararlı oyunlarla. Yine de Catilina kötü bir yönetici gibi durmuyordu. Halkına nasıl ulaşacağını biliyormuş gibi görünüyordu.

Fakat özgür ve basit haliyle kötülüğü idare etmek zor bir stratejidir. İyi şeyleri destekleyecek yerleşik düşüncelerin olması işleri kolaylaştırır. Gücün pozitif tarafıyla bağlantı halinde olan Romalıların (her ne kadar ölüm saçsalar da) yararlanabilecekleri bir sürü ilham verici ataları ve tanrıları vardı. Bu onları, iyi olan onca şeyin adına, Catilina'nın hizmetindeki en kötü sefahat düşkününü bile dehşete düşürecek kadar gaddarca eylemlerde bulunabilir hale getirdi.

Kötü adamlar, ne şan, ne şöhret, ne Roma'nın yüceliği, ne de para peşindeydiler (bunların arkasından paranın geleceğini varsayıyorlardı gerçi). Sadece güce sahip olmayı ve düşmanlarının ölmesini istiyorlardı. Anlaşılan bu bazen kendilerini kötü hissetmelerine neden oluyordu. Evet, bunun gibi en kirli şirket merkezlerinde bile insanın kendini suçlu hissetme kapasitesi, vicdan azabı yüzünden çekilen acı toptan yok edilemez. Bunlar kulağa iyi haberler gibi gelebilir, ancak gerçek anlamda çürümenin tümüyle hâkim olmasına engel olan bu insani zaaf, Catilina gibi çok kötü adamlarda kurtuluşa değil, karanlık stratejik hedeflere ulaşmak için daha büyük bir kararlılığa neden olabilir. İçlerindeki kötülük onları gitgide daha kaçık hale getirmeye hizmet eder.

Örneğin, kendi yaptığı kötülüklerin bedelini ödeyen Catilina bir Vesta bakiresinin ırzına geçmekle suçlandı. Bunun görmezden gelinebilmesi için bayağı uğraşmak gerekirdi, gerçekten çok büyük bir olaydı bu, bir rahibeyi baştan çıkarmak gibi bir şeydi, hatta bundan da beterdi ya da daha iyiydi, hangi açıdan baktığınıza bağlı. Şimdi işin asıl acayip kısmına geliyoruz:

> Sonunda Aurelia'lardan birine vurulunca kendi yetişkin oğlunu öldürdü, çünkü kadın onunla evlenip evin içinde yetişkin bir üvey oğula sahip olmayı reddetmişti.

Bunun çok büyük bir suç olduğu apaçık ortada, mitolojilerdeki gibi sonradan uydurulmuş hikâyelere benziyor, Kronos'un çocuklarını yemesi gibi. Ama bu gerçekten olmuş.

Böyle canavarca suçlar insanın içine işler, en serkeşlerin bile ruhunu tersyüz ederek çarpıtır, her şey küle dönüşüp geriye hiçbir şey kalmayıncaya kadar emer o ruhu. Ve sonunda sizi elden ayaktan düşürüp kamu hizmeti yapamaz hale getirir.

> Ve bu suç bence komplosuna hız vermesinin temel sebebi olmuştu. Ne tanrılarla ne de insanlarla barışık olan suçlu zihni uyanıkken de uyurken de huzur bulmadı ve dolayısıyla vicdan işkence gören ruhunu tümden terk etti. Sonuç itibarıyla yüzünün rengi soldu, gözlerinin feri söndü, yürüyüşü bazen hızlı, bazen yavaştı ve zihninin dağınık olduğu her halinde, her bakışında ayan beyan ortadaydı.

Kısacası, yeni sevgilisi oğlunun varlığını can sıkıcı bulunca genç adamı öldürmek dahil her şeyi yapma isteğine sahip ve ikna etme gücü olan, aşağılık, kafadan çatlak, uğursuz adamın tekiydi.

Delilik o zaman da bugün olduğu gibi beraberinde büyük bir güç getiriyordu. Erkeklerin –özellikle de genç erkeklerin– deliliğini zaptedecek hiçbir yatıştırıcı kuvvet olmayınca neredeyse her şeyin olması mümkündür. Partilerin ve bireylerin işbirliğiyle gelişen devlet, önlenemez bir şekilde isyana ve çöküşe doğru yuvarlanmaya başlar ve bir süre orada kalır, ta ki aklını kaçırmış yöneticiler değiştirilip yerlerine aile üyelerinden birini öldürmeden bir günü geçirebilen, daha işe yarar deliler getirilinceye kadar.

Bu feci ikna edici kaçık, şeytanın evladı, bir süreliğine şirketin yönetim yapısına sessiz ve derinden bir saldırı düzenlemeyi başardı. Bazı büyük solcuların, hatta söylentiye göre işlerin yürütülme şeklinden bıkıp usanmış olduğu bilinen en büyük kodaman Julius Caesar'ın bile desteğini aldı. Ancak bu tür bir destek sınırlıydı, gaza getiriciydi, "Hey, yanındayım adamım. Eğer kazanırsan. O zamana kadar servis asansörünü kullanarak dışarı çıkabilirsin," demek gibi bir şeydi. Böyle bir destek muhalefetten iyidir. Ama pek bir değeri de yoktur.

Catilina gibi pislik heriflerin sorunu, yaptıkları hiçbir imaj çalışmasının, itibarlarına, köklerine ve arka bahçelerine değer veren adamların lideri olarak düşünülebilmelerini sağlamamasıdır. Hangi partinin kartını taşıyor olursa olsun herkes için fazla kaosa yol açıyordu. Bir komplocu, bir baş belası, düzenin düşmanları tarafından kullanılmaya müsait bir tahrik unsuru olarak sıkı çalışıyordu. Ama hiç kimse ona rapor vermek istemiyordu. Catilina ve patronluk mu? Biraz gerçekçi olalım.

Neticede, kamuoyu yaratma ve global konumlandırma konularında uzman olan Cicero'yla karşı karşıya geldi. Ciltli ve ciltsiz birçok basımla bize kadar ulaşan ve iki bin yıldır tembel öğrencilere zorla okutulan bir dizi efsanevi nutukla kovulan bu ürkütücü özenti, Jersey Shore'a kaçmak zorunda kaldı. Çirkin yüzünü görmekten bıkıp usanan ordu burada izini buldu ve onu yeraltının tanrılarıyla tanıştırdı.

Bu hikâye, devletin nasıl feci bir biçimde boşa çıktığını ve yapısal olarak güçlü bir merkezi yönetime ne kadar ciddi ihtiyacı olduğunu gösterir. Catilina gibi orta düzey bir yeniyetmenin bu kadar büyük bir işin altından kalkacak hali yoktu. Bir süreliğine bir hayli sorun yaratarak Sol'un daha büyük kodamanlarının anlık ilgisini çekip desteğini aldı, çünkü o sıralar ellerinin altında togaları dürtecek başka bir silah yoktu. Ancak sistemin içinde, bürokratik yapının sınırları dahilinde çalışan, en üst düzeyde bir sürü manyak yönetici vardı ve bunlar, elinin altında işletme masterlı çaylaklar olan Catilina gibi kör bir silahı kolaylıkla bir kenara atabilirlerdi. Catilina'nın var olması gerçeği bile kötüye işaretti.

Cumhuriyet'in sahaya süreceği, iş yapan son üst yönetim ekibini oluşturabilecek yöneticiler, bu çürümüş altyapıya balıklama daldılar. Bu adamların öyle olağanüstü bir itibarları vardı ki... Artık böyle adamlardan üretilmiyor desek yeri. Özellikle iki tanesini ayrı tutabiliriz. İlk Triumvirlik'in üçte ikisini oluşturan bu iki adam, benim burada anlatacaklarımdan çok daha fazlasını hak eden, olağanüstü ve büyüleyici karakterlerdi. Peki ya netice? Her ikisi de kaybetti:

- Dev bir egosu olan Crassus, zekâsı, politik sezgileri ve para kazanma konusundaki inanılmaz yeteneği ile ün yapmıştı. Servetini Roma'yı dört bir yandan kuşatan yangınlardan birinde yanıp kül olan yerlerin yeniden inşa edilmesine harcadı. Çalışma çılgınlığını karşılayacak kadar yangın olmadığında kendisi yangın çıkardı. İyi fakat o kadar da olağanüstü olmayan askeri yetenekleriyle sıradan bir yüksek rütbeli subay olan Crassus, dünyanın en açgözlü insanı olarak İspanya'dan Küçük Asya'ya kadar nam salmıştı. Ana şirkete bağlı zayıf bir yan kuruluşun müdürü olarak kariyerinin birçok noktasında işleri o kadar berbat etti ki patronlarını bezdirdi – ki bu inanın başarılması zor bir şeydi. Müthiş zengin ve paragöz olmasının yanı sıra inanılmaz derecede ucuzcuydu. Başkalarının hislerine karşı tamamen umursamazken kendisiyle ilgili olarak patolojik derecede hassastı. Belki de en çok Kirk Douglas'ı yenen ve hamamda Tony Curtis'e asılan Laurence Olivier olarak üne kavuştu. Gerçek dünyada yaşamına Mezopotamya'nın ıssız düzlüklerinde son verdi. Pompeius ve Caesar'ın çok fazla baskı altında kaldığını hissettiği için koca bir Roma ordusunu yine burada ölüme terk etti. Öldüğünde Partlar, açgözlülüğünü aşağıladıklarını göstermek ve herifin pisliğin teki olarak genel durumunu sergilemek için kafasını kesip ağzından içeri altın boşalttılar.

- Büyük Pompeius: Ne karadaki ne de denizdeki savaş meydanlarında mağlup edilebilen dâhi bir genç, zamanının gerçek bir rock yıldızı olan Pompeius, yönetici koltuğunda dışarıda işleri hallederken olduğu kadar becerikli değildi ne yazık ki. Gençken muazzam ünlüydü, tıpkı garajındaki Jobs ya da California Üniversitesi'nden mezun olduğu sıralarda Spielberg gibi. Büyük canavar Sulla'nın sevgili piçi olan Pompeius, ilk birkaç albümünü yaptıktan sonra kafasındaki kurumsal kültür hayalini hiçbir zaman güvence altına alamadı ve sonrasında da hep sosyal becerileri kendinden daha fazla olan, daha yetenekli adamlarla mücadele etti. Sonunda Cumhuriyetçi Sağ'ın sağlam bir adamı olarak Senato'nun kuklası haline geldi. Gördüğümüz gibi, o kişinin çürümüş, şişirilmiş ve kaybetmeye mahkûm olan her şeyi temsil ettiği bir kültürde bu pek de akıllıca bir stratejik hamle değildi belki de. Aslında kötü bir adam değildi. Sadece desteklenebilir biri değildi. Şirket tarihinin belki de en önemli yönetim mücadelesinde, gelmiş geçmiş en büyük Romalı'ya, muhteşem Julius'a donunu kaptırdı. Sonra Mısır'a kaçtı ve orada küçük bir dalkavuk tarafından öldürüldü. Onunki, bir yanı eksik olarak yükselen tüm adamların hikâyesidir.

Ve sonra Caesar çıktı ortaya.

SEKİZİNCİ BÖLÜM
Julius Caesar ve Şirketin Yeniden İcadı

Julius Caesar pek şanslı değildi –ya da başka bir açıdan bakılırsa şanslıydı–; egemen şirket kültürünün yönetmesi beklenen çokuluslu kuruluşu daha fazla hayatta tutamayacağını görmüştü. Onu temsil edecek ne akılcılığa ne adalete ne de etkiye sahipti. Yine de dönemin yönetici sınıfında egemenliklerinin sona ermesini kabul edemeyen birçok kişi vardı. Caesar'a bakınca monarşinin geri dönüşünü, aslında kendilerinden başka hiç kimseyi temsil etmeyen, meşru olduğu varsayılan temsili hükümetin sona erişini görüyorlardı. Ve böylece Mart'ın on beşinde, dünya görüşü günün birinde imparatorluğa hükmedecek olan sıradan marangozun doğduğu tarihten çok da uzak olmayan bir yılda, orta düzey yöneticilerden oluşan bu grup Caesar'ı hançerleyerek öldürdü. Bedeninde yirmiden fazla yara açıldı, ancak sadece biri, doğrudan kalbinde açılan öldürücüydü. Gerisi sembolikti.

Birçok kurumsal darbede olduğu gibi başı çekenlerin bundan sonra neler olabileceğiyle ilgili en ufak bir fikirleri yoktu. Sadece ne istemediklerini biliyorlardı.

Caesar'ın uğradığı suikastın temelinde, sadece alt etmeye çalıştığı sınıfın kemikleşmiş çıkarları değil, aynı zamanda bu büyük adamın karakteri de yatıyordu. Çünkü son günlerinde egosu karakterinin geri kalanını ele geçirmiş, guatr gibi, dışarıdan görülen sadece egosu olmuştu.

Gerçi yönetici koltuğunda oturan çocuklar ondan hep nefret etmişti. Ta başından itibaren emirleri kimin verdiğini anlamayan, zamanı geldiğini düşündükleri anda canlarının istediğini yapan adamlardan biri olmuştu. Caesar'ın kariyeri için ilk günden beri geçerliydi bu, stratejik düşünmüş ve sonrasında da cesurca harekete geçmişti hep. İhtiyacı olduğunda arkadaş edinmişti. Kendine inanmıştı. Ve çoğu zaman "Lanet olsun," deyip yoluna devam etmişti. Dikkatli olmazsanız sonunda öldürülmenize neden olabilecek bir davranış biçimidir bu. O vakte kadar durumu gayet iyi idare edebilirsiniz.

Gaius Julius Caesar MÖ 100 civarında soylu bir ailenin çocuğu olarak dünyaya geldi. Genç bir adam olarak seçkin bir kariyere sahip oldu. Önce şirketin Kurumsal İletişim Departmanı'nda çalışan bir gencinkine benzer bir pozisyonda rahiplik yaptı, kurumun manevi değerlerinin üretilmesinde payı oldu. Sonra da hem sahada hem de merkezde gelecek vaat eden bir operatör olarak çalıştı. İlk andan itibaren yönetici sınıfın başına bela oldu. Patrici olmayan sınıfların da, eninde sonunda büyükleri gibi işleri yüzlerine gözlerine bulaştırma yetkisine sahip olabileceklerini öne sürme küstahlığını gösteren, son derece iğrenç bir insan olan Marius'u kendine örnek aldı.

Otuzlarına geldiğinde ciddileşmeye karar verdi. Rüşvet vererek bazı etkili pozisyonlara geldi, ilerlemek için sistemi kullandı, kendini gösterebileceği bazı iyi görev yerlerini garantiledi. Birkaç onyıl boyunca sahada gereken neyse yaptı, hiç kimsenin fethedemediği kadar yer fethetti; işleri devralmakla kalmadı, her işin üstesinden başarıyla kalktı.

MÖ 59 yılında adamımız kırk yaşlarına geldiğinde gözünü en tepedeki yönetici makamı olan konsüllüğe dikti. Bu kulağa etkileyici gelebilir ve kesinlikle de öyledir ama konsülün kaymak tabakanın zevklerine hizmet ettiğini ve yıl boyunca kazanacağı senatörlük paralarını hesap ettiğini unutmayın.

Ülkedeki en iyi işin sahibi olan bu imparatorların ilki bazı ilginç işler yapmak ve gücünü aldığı halka bir mesaj ulaştırmak için hemen makamını kullandı. Yetkiyle başa gelmiş biri değil, kitlelerin politikacısıydı ve seyirciye nasıl oynanacağını bilen, sezgileri çok kuvvetli bir adamdı.

İlk olarak seçmen kitlesine, çalışan zenginlere, orduya ve halka yaranmak için çok popüler bazı yasalar çıkardı. Bunlardan biriyle Pompeius için çalışmış ancak eski patronlarından yeterince ilgi görmemiş olan yaşlı askerlere kamu arazilerini verdi. Böylece Roma'nın savaşçılarını onurlandırmış, bir yandan da rakibinin mirasının bir kısmını kendi tarafına çekmiş (ve onu aşağılamış) oldu. Campania'nın yoksul halkına da mülk bağışladı, onlar da muhtemelen bunu takdirle karşılamışlardı.

Her iki hamleye de Senato karşı çıktı, ancak Pompeius destek verdi. Pompeius büyük ihtimalle içinde bulunduğu tuhaf durumu kavramamıştı ya da yasa geçerse onu yazan kişiye gösterilecek saygıdan küçük bir parça nasipleneceğine dair boş bir umut taşıyordu belki de. Bir de Crassus vardı tabii, dışarıdan bakıldığında halkın adamı gibi görünen bir başka adam.

Caesar ve gözü doymaz, âciz, ihtiyar Crassus, genç adamın kariyerinin başlarında, yaşlı adamınkinin de sonlarında birlikte bir sürü iş yapmış gibi görünüyorlardı. İşin doğrusu, Crassus kadar deli olan Caesar Crassus'u korkutuyordu, yönetimdeki bir sürü adamı da korkutuyordu. Örneğin Caesar gençken Senato'da yapmak istediği bir iktidar hamlesinin yüzü olarak Crassus'u öne sürdü. Planı, içeri dalıp bazı senatörleri doğrayarak öldürmek ve Crassus'u en tepedeki adamın yerine, kendini de kurumsal güvenlikten sorumlu kişi olarak yerleştirmekti. Sözleştikleri günün sabahı Crassus gelmeyi beceremedi ve işi berbat etti.

Bu kodamanları zapturapt altına almak amacıyla Senato gösteriş meraklısı Pompeius'u doğuya gönderdi; Pompeius orada bir başka İskender olmanın hayalini kuruyordu. Caesar'a da daha önce hiç duyulmamış, işi az maaşı yüksek bir görev verdiler, beş yıllığına Cisalpina Galya ve Illyricum prokonsüllüğü yapacaktı. O dönemde şirketin ortalama bir saha yöneticisi gibi davranmayı kabul ederse buraları güzelce yağmalayabilirdi. Transalpin Galya'yı da aldı ama buranın tam bir baş belası olacağı kesindi, çünkü geleceğin Fransızları burada yaşıyordu.

Taşraya doğru yola çıkmadan önce Caesar yönetici katındaki düşmanlarının ya çok cazip yerlere atamalarının yapılmasını ya da çeşitli mükemmel sebeplerle öbür dünyaya postalanmalarını garantiye aldı. Sonra da, o zamanki ve şimdiki üst rütbeli subayların yaptığı gibi, şirkete bir sürü para kazandırmak ve sadece büyük bir ofiste oturan şişman bir takım elbiseli değil, gerçek bir uygulayıcı olduğuna dair zihinlerde oluşmuş izlenimi güçlendirmek için bir dizi operasyona girişti.

Galya'da başarılı oldu, merkezde de başarı elde etti, sonradan düşmanı olan bazı dostların sadakatini kazandı ve bir sürü güçlü oyuncusu olan bir organizasyonda itici güç olmak için ne gerekiyorsa yaptı. Ancak iktidarın merkezine her yaklaştığında kurum onu bir kutuda tutabilmek için hangi ipleri çekmesi gerekiyorsa çekti. Bir süre sonra buna daha fazla tahammül edemez oldu. Başarının alternatifinin ölüm olduğu gitgide daha açık hale geldi. O, başarıyı seçti.

MÖ 50 civarında, kendisini hak ettiği gerçek güçten uzak tutmak için çeşitli saçma kuralları kullanan Roma'daki mediyokrasiden bıkarak yüksek motivasyonlu, sadık ve çok yetenekli birkaç askeri birliği şirket genel merkezine soktu ve yönetimi ele geçirdi. İşleri kontrol altına alınca, kendisinden önceki birçok kişi gibi miskin ve cani bir morona dönüşmedi. Aslında şirketin o zamana kadar var ettiği en aktif ve yaratıcı başkandı muhtemelen. Ve özel olarak seçilmiş halefi Augustus'u saymazsanız, şirket tarihinin en iyisiydi. Doğru, tarihteki –hem benim tarihimdeki hem de sizin tarihinizdeki– neredeyse her başkanın aksine kendisinden sonrası için de plan yapma konusunda başarılıydı.

Caesar'ı tam bir iş makinesi yapan karakter özellikleri bugünkü vahşi kurumsal hayatta en üst düzey başarıyı getiren özelliklerle aynıydı:

İhtiras: Gençliğinde İspanya'da görev yaparken İskender'in bir heykeline rastladı. İskender Caesar'ın o zamanki yaşlarındayken ölmüştü. Caesar bu görüntü karşısında ağladı, artık fethedeceği başka dünyalar olmadığı için değil, henüz hiç fethedemediği için. O noktada işinden istifa etti ve şirket genel merkezinde kendine daha merkezi bir yer edinebilmek için Roma'ya döndü.

Duygusallıktan yoksunluk: Pek çok büyük Romalı gibi o da evliliği iktidara giden bir araç olarak kullanmaya hevesliydi. Daha öğrenci togası üzerindeyken kendisi için yapılan ancak profesyonel anlamda dezavantajlı planlardan vazgeçti ve dört kez konsül olan ünlü Cinna'nın kızıyla evlendi. Bunun nedenleri gayet açıktı, en azından ihtirası karşısında öfkelenen belli başlı egemen güçlere göre. Bu grupta, canını sıkanlara vermeyi en sevdiği ceza bir tür yarı resmi kıyımla ölüm olan, kötü şöhretli düşman Sulla da vardı. Dolayısıyla genç adam, olaylar yatışana kadar o bölgeden uzaklaştı ve çeşitli yerlerde saklanmak zorunda kaldı. Bu taktik daha sonra İtalyanlar arasında "yatağın altına girmek" olarak bilinecekti. Sonunda kendi gruplarının popülist tarafında olanların ısrarlı yakarışlarından sonra merhamete geldi ve şunları söyledi: "Gidin getirin onu, ama sakın aklınızdan çıkarmayın, kurtarmaya bu kadar can attığınız adam günün birinde aristokrasinin ülküsüne büyük bir darbe vuracak... çünkü bu Caesar'ın içinde bir Marius'tan fazlası var." Sulla'nın aptal olduğunu söylemek için hiç kimsenin bir gerekçesi yoktu. *Olağanüstü cesaret*: Büyük yöneticiler kendilerinden şüphe etme derdini çekmez. Caesar hayatının son gününe kadar çok az uykuya ihtiyaç duydu, ama uyku perisinin geldiğini duyar duymaz da sakin, tasasız bir uykuya daldı. Sağlıklı sindirim. Sağlıklı bilinç. Kendilik mitine karşı duyulan sarsılmaz inanç. Gerekli olan her şey bu. Ne yazık ki çoğumuza bu esaslı özelliklerin biri bile bahşedilmemiştir. Caesar'da üçünden de çuvallar dolusu vardı.

Ve bütün büyük girişimciler gibi adam harekete geçmek için doğru zamana ve yere karar verme, bu kararı verdikten sonra da gereken neyse yapma konusunda kesinlikle rakipsizdi. Tarih, Caesar'ın birliklerinin kendilerinden beş ya da altı kat güçlü ordularla savaştığı, Caesar'ın kaçan adamların arasında öylece durup eline gelen herkesi yakalayarak savaşa geri döndürdüğü ve savaştan zaferle çıktığı, ordusunun başında kendi can güvenliğini hiç düşünmeden dövüşe gözü kapalı daldığı, kendi atını kovalayarak adamlarına savaşıp yenmekten başka bir seçenek bırakmadığı üzerine kayıtlarla doludur. Kendini geri dönüşü olmaksızın cesurca hareket etmeye adamış birini tanımlamak için kullanılan ve bugüne kadar gelmiş bir söz vardır: "Rubicon'u geçmek". Caesar bunu 49 yılında yaptı ve Senato'da kendisine karşı çevrilen dolaplardan sonunda sıkılınca tek bir alayı yanına alıp Roma'yı fethetmek üzere yola çıkmaya karar verdi. Bir alay... Roma'nın tümüne karşı! Kaderin gücü karşısında bir avuç hanım evladı!

Stratejik ve düzenbaz olmak: Steve Ballmer gibi avaz avaz bağıran tuhaf bir manyak da değildi hani. Eylem planını belirlediğinde kendini öylesine uçuruma atmıyordu. Onun yerine düşmanlarını yanlış yönlendirmeye ve her saldırının mutlak zafere götürecek şartlarda yapılmasını garanti altına almaya girişti. Bunu yaparken de rahatsız edici muğlaklıktaki sayıklamaları arasında bazı dikkat çekici noktalara da değinen Sun Tzu'nun bilgelik yolunu takip etti. Bunlar arasında belki de en etkili olanı, kazanacağınızdan emin olmadığınız sürece savaşmamanız gerektiği düşüncesini içeriyordu. Gerçek hayatta bunu yapmak genellikle zordur. Ancak Caesar bu görüşe uygun bir şekilde yaşamak için elinden geleni yaptı. Neticede, kurumsal bir satınalmacı olarak geçirdiği hayranlık uyandıran kariyeri boyunca sadece üç yenilgisi oldu: Biri Britanya'da, biri Pompeius'a karşı olan savaşında ve biri de umurumuzda bile olmayan başka bir yerde. Hiçbiri de bir sonuca varmadı.

Çünkü iradesinin onu yıkıma sürüklemesine izin vermedi – her şeyin sonuna, yönetici hastalığına yakalanıp düşmanlarına kendisini devirmek için zihinsel, duygusal ve ahlaksal altyapıyı hazırlayıncaya kadar. Bir icra kurulu başkanının yerleşik yönetici sınıf tarafından öldürülmesi kurumsal hayatta neredeyse eşi benzeri görülmemiş bir şeydir bu arada. Daha önce de suikastlar olmuştu tabii, ama bunlar genellikle 2.500 dolara eşdeğer takım elbiseler içindeki adamlar tarafından değil, herhangi bir kanun kaçağı tarafından gerçekleştirilirdi.

Ancak Caesar, ölümcül bir vaziyette karaya oturana kadar, günümüzün Carlie'lerinin, Ken'lerinin ve Martha'larının aksine kötü giden hiçbir şeyi felaket noktasına kadar taşımadı. Etrafında iyi olan bir sürü şey vardı ve o bunun farkındaydı. Bu yüzden de tedbirliydi, soğukkanlılığını hiç kaybetmedi. Britanya'da, batı kıyısındaki bir fırtınada donanması tamamen harap olduktan sonra kendini hiç zorlamadan altından kalkabileceği kadar riske girdi. Yönetimi devralma işinin tehlikeye girdiğini görünce, zararın neresinden dönülse kârdır diyerek Fransa'ya geri döndü. Burada kurmuş olduğu sürekli bir gelir akışı sistemi inanılmaz miktarda kişisel servet edinmesine imkân sağladı. Bu serveti mevcut dostlarına paralarını ödeyip yol vermek ve yeni dostlar satın almak için kullandı. Böyle bir patrona sahip olabilmek için hepimizin çok şanslı olması gerekir.

Kendisi aynı zamanda "gizli işler çevirme ve yanlış yönlendirme ustası"ydı. Rubicon Irmağı'nı geçmeden önce esas kuvvetlerinin önünden birkaç genç yöneticiyi gönderdi, böylece bir şeylerin ters gittiği izlenimini yarattı, ama başka bir yerde. Sonra da inşa etmeyi düşündüğü gladyatör okulunun arazisini turlayarak büyük bir şov yaptı ve bir sonraki rekor kıracak işi üzerinde çalışan çok sayıda hizmetkâr, danışman ve tasarımcıyı toplayarak halka açık bir şölen verdi. Düşmanlarının casusu olarak, ki çok fazla olduğunu varsaymalıyız, bu manzaraya kim baksa hiçbir şeyin ters olmadığını rapor etmek zorunda kalırdı. Aslında o, şirket tarihindeki en büyük içeriden darbe planını yapıyordu.

Güneş battıktan sonra Caesar kimseye görünmeden gizlice genel merkezden çıktı; yanında güvendiği, az sayıda yardımcısı vardı; yakınlardaki basit bir ekmek fırınından temin ettiği katırlar tarafından çekilen kırık dökük bir arabaya binmişlerdi. Geceleyin yolunu kaybetti ve bir süre çalılıkların arasında dolaştı. Şafak vakti şans eseri karşılaştığı birinin rehberliğinde yürüyerek tekrar ana yola çıktı. Sonunda yasal yetki alanının en uç sınırını oluşturan Rubicon Irmağı'na ulaştığında –Senato ve sadık köpeği Pompeius onu bu sınırlar içinde arıyordu– adamlarını yine de uyanık olmaları konusunda uyardı ve son gün bile dönüp geri gitme olasılığı olduğuna dikkat çekti. Kendinden daha büyük ve dişli bir kurum tarafından ele geçirilme tehlikesiyle karşı karşıya olan büyük bir kurumun genel merkezinde çalışan herkes, bu müthiş liderin sızıntıları önlemek ve düşmanı gafil avlamak için her yolu denemesini takdir edecektir. Caesar daha sonra Rubicon'u geçti ve bütün ipleri ele aldı.

Ağızdan ağza dolaşan özlü sözleri vardı: Büyük liderlerin harika epigramları olur, hepsi değil elbette ama bazıları bu konuda tam bir sihirbazdır. Örneğin, şirketin yönetimine hâkim olmak için girdiği mücadele sırasında birliklerine şöyle dedi: "Alea iacta est."* Doğru, bu sözü o uydurmuştu. Ününün büyük bir kısmını böyle budala rakiplere karşı savaşarak kazanan Pompeius'u kıskandığını birçok kez açıkça gözlemleyen Caesar, onun Mithradates'in oğlu Pharnakes'le girdiği savaştan kolayca galip çıkışını tarif ederken, bu çelişkiyi yorumlaması istendiğinde, "Veni, vidi, vici,"† dedi. Bir editörün bu ifadeyi kısaltmak için atabileceği herhangi bir şey bulması çok zor.

Galyalıları, Britanyalıları, Almanları, Kuzey Afrikalıları ve önüne çıkan herkesi doğramak üzere at üstünde giderken yazmayı başardığı bir sürü yazıdan bahsetmiyoruz bile. Adamın kalemşorlara ihtiyacı yoktu. Bizim kültürümüzde en takdire şayan yöneticinin yaptıklarını anlatırken halkın hayal gücüne hitap eden ilham verici ve ayrıntılı tasvirler kaleme

---

* "Zar atıldı" ya da "Ok yaydan çıktı" diye çevrilebilecek, savaşın başladığını ve geri dönüşün olmadığını ifade eden Latince söz –çn.

† "Geldim, gördüm, yendim" anlamına gelen Latince deyiş –çn.

aldığını düşünün. Her Romalı bu seferlerin kendi ortak uygarlıklarının kaderini belirlediğini biliyordu. Caesar'ın hakkında yazdığı olaylardan daha önemli bir şey yoktu. Stephen King'in *The New Yorker* tarafından kabul edilmesiyle araba kazası geçirmesi arasındaki sürede yazdığı kadar düzenli bir şekilde yazı yazıyordu. Bunu halkın temsilcisi olarak yapıyordu. Halkın çıkarlarını, senatörlerin ayrıcalıklarına karşı tutkuyla savunuyordu. Bu yüzden Senato'nun neredeyse yarısı tarafından bıçaklanarak öldürüldükten sonra bir çiftlik evi ve yatı olmayan herkes deliye döndü.

Caesar'ın "başkalarında sadakat ve başarı yaratmak konusunda üstün bir yetenek"i de vardı. Bugün de olduğu gibi gerçek itaat ve sadakati sağlamanın sırrı liderin ikiz taktikler olan sertlik ve sevgi arasında iyi bir denge kurabilmesinde yatar. Caesar bunun ustasıydı. Öncelikle adamlarına askerler değil, Tanrıların gözünde aynı olduklarını hatırlatmak için "yoldaşlar" diyordu. Savaş meydanında değilken ya da yanlarında başka bir kurumdan birileri yokken canlarının istediğini yapmalarına izin veriyordu. Bir de, tatiller ya da hafta sonları gibi en beklemedikleri zamanlarda onları çalıştırmak gibi bir huyu vardı. Charles Revson'ın cumartesileri gelmeyenlerin pazar günleri de gelmemelerini söyleyişini hatırlatıyor bu. Onları yağmurda yürütüyordu. Canlarını çıkarıncaya kadar çalıştırıyordu.

Belki de en önemlisi, kendi çalışanlarından zerre kadar korkmamasıydı. Onların yakınındaki bir çadırda uyuyordu. Onlarla yan yana savaşıyordu. Huzursuzluk çıkardıklarında da aralarına dalıp onları enselerinden yakalıyordu. Biraz hassas olan eski askerlerden oluşan bir ordunun savaşta karşı karşıya geleceği düşmandan korktuğu için geri durması ihtimaline karşı onlara ufak bir konuşma yapıyordu. Hayır, onları teskin etmiyordu. Bunun yerine karşılarında bulacakları asker ve fillerin sayısıyla ilgili kabaca bir tahminde bulunuyor ve neyle karşı karşıya olduklarını bildiklerine göre artık söylenmeyi bırakmaları gerektiğini, yoksa hepsini bir tekneye bindirip denize bırakacağını söyleyerek konuşmasını bitiriyordu. Kaç yöneticinin bu tarz bir görevi vermek için elinde sizin ve benim gibi zavallılar olduğunu düşününce, bu adamın sahip olduğu kadronun kıymetini anlamaya başlıyorsunuz.

Bir liderin halk tarafından nasıl sevileceği konusunda da kafası çok iyi çalışıyordu. Kendi üst düzey yöneticimize karşı bir zayıf noktamızın olduğunu bize hatırlatacak yüksek limitli bir kredi kartımız ya da nefis bir şirket arabamız vardır belki de. Caesar, savaşların sertleştirdiği askerlerine altın kaplamalı silahlar veriyordu. Bunlar o kadar enfes parçalardı ki askerler sırf onları kaybetmemek için ölümüne savaşıyordu. Caesar kariyeri boyunca, kurumsal yönetim tarihinde herhangi bir üst düzey yöneticiden çok daha fazla parti, akşam yemeği, ev, at ve nakit para verdi. Bir seferinde Roma halkına verdiği bir zafer yemeğinden hiç tatmin olmayınca hemen arkasından daha çok ordövr tabağının olduğu bir yemek daha düzenlemişti. Öldüğünde vasiyetinde yer alan maddeler her bir Roma yurttaşına öyle müthiş şeyler bağışlıyordu ki halk hırs ve kederin birleşiminden oluşan duygulara yenik düşerek kentin yarısını yakıp yıktı.

Ondan önce ve sonra gelen tüm diğer kaçık Romalıların aksine haddinden fazla kötü değildi, hatta bazen merhametli davrandığı bile oldu. Caesar, seleflerinin –Marius, Genç Marius, Küçük Marius, Sulla ve benzerleri– Robespierre –ya da Dunlap– tarzı terörizminin mirasçısı olmadı asla. Talihsiz Pompeius'un ordusunu kesin bir yenilgiye uğrattığı Pharsalos çarpışmasında birliklerine şöyle seslendi: "Yurttaşlarınıza kıymayın!" Böyle bir ifade karşısında şimdiye kadar bayağı bir şaşkınlığa düşmüş olmamız gerekirdi. Adamın ömrünün o noktasında Roma'nın neye dönüşebileceğine dair hakikaten bir sezgisi vardı ve sadece iktidar hevesiyle değil, şirketi bu ideale ulaştırma arzusuyla da hareket ediyordu. Yalnızca bu bile onu şirket için benzersiz ve değerli kılıyor, iktidarı kendi sınıflarının egemenliğini sürdürmenin bir aracı olarak görenler için de tehlikeli hale getiriyordu.

Gelgelelim içinde yaşadıkları toplum bir hayli vahşiydi, dolayısıyla bu konuda puan toplamak için Gandhi olması gerekmiyordu. Tipik bir örnek: Gençken korsanlar tarafından kaçırılmıştı. Esaret altında, kendisini kaçıranlarla bayağı sıkı fıkı ilişkiler geliştirdi. Korsanlar henüz gençliğinin baharında olan bu çekici adamı gitgide daha çok sevdi. Onlarla konuşmasını, şakalaşmasını, halka atma oyunu oynamasını bekleyerek geçirdiler günlerini. Bu arada Caesar serbest kaldığında onlara ne yapacağına dair hayallerini yüksek sesle anlatıyordu. Gerçekten de Caesar, bazı etkileyici sayılabilecek yetenekleri sayesinde serbest kaldı ve ilk iş olarak ufak bir filo kurup canını sıkan zalimleri çabucak yakaladı ve evet, onları çarmıha gerdi. Ancak tarihçilerin yazdığına göre genellikle iyi huylu ve merhametli davranma eğiliminin bir kanıtı olarak asmadan önce boğazlarını kesti.

Çok da azgın bir herifti: İş dünyası tarihi BSDlerle* doludur. Caesar da bunlardan biriydi kuşkusuz. Bu bakımdan, sahip olduğu fetih rekoru onun diğer faaliyetlerini de gayet güzel yansıtıyordu.

Cinsel deneyim –ya da en azından iştah– ile iş başarısı arasındaki ilişki çoktan kanıtlandı ve bu saygıdeğer mekânda daha fazla ayrıntıya girmeye gerek de yok. Caesar'ın da pas tutmuş gibi bir hali yoktu. Yarattığı efsaneyi daha heyecanlı hale getiren şey, daha yaşarken kulaktan kulağa yayılan bir dedikoduydu. Buna göre, bugünkü Türkiye'nin kuzey kıyılarındaki bir krallık olan Bitinya'nın kralı Nikomedes'le girdiği samimi ilişkinin olumsuz bir sonucu olarak bekâretini kaybetmişti. Genç Caesar burada birçok bakımdan erken bir eğitim almıştı. O zamanın yorumcularından biri, Caesar'la "kraliçenin rakibi ve tahtının ortağı" olduğunu söyleyerek dalga geçmişti. Bir başka nüktedan herkesin içinde ondan "kraliçe" diye bahsetme cüretini gösterdi. Bir seferinde de Bitinya için önem taşıyan bir mesele üzerine Senato'da konuşurken Cicero ayağa kalkıp "Bu kadarı yeter!" diye bağırdı, "onun sana verdikleriyle senin ona verdiklerin gayet iyi biliniyor çünkü." Bu noktada üst balkondan uzun ve güçlü ıslıkların yükseldiğini, sonra da kapitolün yakınlarındaki yerel barlarda insanların Caesar'ın sırtına şaplaklar indirdiğini hayal etmemiz hoşgörülür herhalde.

Aslına bakılacak olursa sözde eşcinselliğiyle ilgili dedikodular tüm hayatı boyunca etrafta uçuşmaya devam ederek Senato koridorlarına kadar ulaştı; yaşlı Curio ondan bahsederken "her erkeğin kadını, her kadının erkeği" sözünü kullandı. İşin ilginç yanı bu tanım halk arasında da, üstünden geçtiği söylenen çok sayıdaki kadın arasında da popülerliğine herhangi bir zarar vermedi. Öncelikli işi başkalarına ait olan insanları ve şeyleri elde etmek olan bir yöneticiye uyacak bir şekilde başka erkeklerle evli olan bir sürü kadına göz dikti.

Devlet işlerini de gözardı etmedi. Bu sahada baştan çıkardıkları arasında Mauretanialı arkadaşı Bogudes'in karısı ve tabii ki Kleopatra

---

* Big Swinging Dictators: Seks Düşkünü Diktatörler –çn.

da vardı. Anlatılanlara göre onunla birçok gece geçirdi ve muhtemelen, Marcus Antonius gibi sağlam bir kaynağa göre, bir erkek çocuğu oldu. Marcus Antonius'un Caesar'ın onun önünde oğlanı kabul ettiğini ve çocuğun babasına gerçekten de benzediğini söylediği nakledilir. Normal bir adam için bütün bunlar yeterli görünebilir, ama Caesar bunların hiçbiri değildi. İktidarının zirvesindeyken kulis yaparak alt mecliste bir yasa düzenledi ve kendisi şehir dışındayken yasanın meclise sunulmasını istedi. Roma'nın gelecekteki liderlerine babalık yapabilmesi için patronun istediği kadar çok kadınla evlenmesi yasal hale gelecekti böylece. Bu ilginç konuda yaratıcı bir düşünür olarak Brigham Young'ı ve Dubai şeyhini anımsatıyor.

Aynı zamanda *aşırı gururlu*ydu: Hoop! İşte karşınızda trajik kusur... Size okulda öğrettikleri bu karakter özelliklerini hatırlarsınız. Hani kahramanı kaçınılmaz olarak üzücü sona götüren özellikler vardır ya. Bizim Caesar'ınki de buydu işte.

Ufak tefek klasik zırvalarla başladı ve tabii ki bunların hiçbirinin fazla bir zararı olmadı. Bugün olduğu gibi o gün de bir kodamanın saçlarının en temel sorunlarından biri olduğunu görmek inanılmaz bir şey. Caesar'ın, birçok başarısının yanında, tepesindeki keli örtmek için arkadan öne doğru saç taramanın mucidi olduğunu Suetonius da doğrular. Daha da komiği, şöyle der: "Senato ve halk tarafından kendisine verilen tüm payelerin içinde almaktan ya da faydalanmaktan en çok memnun olduğu, defne tacını daima takma ayrıcalığıydı." Caesar kıyafetlerinin içinde de biraz züppe duruyordu. Tuniğinin kollarına eklediği püsküller büyük ihtimalle *Vanity Fair*'in ilk sayılarında büyük haber olmuştur.

Daha sonra, kendisi gibi olanların arasından sıyrılıp akla mantığa sığmayacak ölçüde yüceltilmiş bir davranışı hak ettiğine inanan tüm büyük adamlara ve kadınlara bir ders verdi. Bu yanılgı dünyayı yerinden oynatan için kaçınılmaz olabilir. Kanıtlar bu acıklı sonun geleceğini söyler. Çok yetenekli, gerçekten istisnai dahilerin tüylerini gururla kabartarak etrafta gezinen iğrenç tiplere dönüştüklerini görmek her zaman üzücüdür. Yine de sonuç itibarıyla Caesar böyle biri olmuştu. Onun debdebesi sayesinde Cumhuriyet, kendi kendini fazla önemseme yanılsamasından ve Senato'nun kabartılmış ketenlerinin hep öyle kalamayacağı düşüncesinden sıyrıldı.

Oraya gelmeden önce, yaratıcı bir güç olma, gücünü yeryüzündeki kendi köşesini iyileştirmek için kullanma peşinde olan her yöneticinin üzerinde iyice düşünebileceği bir başarı hikâyesi var. Caesar'ın kendisine ayrılan süre içinde –beş yıl gibi kısa bir süre başta kaldı– yaptığı şeylerden bazıları şunlardı:

- 365 günlük takvim yapmaları için uzmanları işe aldı, aylardan birine onun adı verildi.

- Biraz Franklin Roosevelt'in Yüksek Mahkeme'yi yandaşlarıyla tıkabasa doldurmaya çalışmasına benzer bir şekilde üst meclise kendi adamlarını yığarak Senato'daki boşlukları kapadı, altyapıdaki her çeşit makamı da doldurdu.

- Çoğunlukla rüşvet şeklinde kendini gösteren itibari usulsüzlükler nedeniyle patriciler tarafından yerlerinden edilen bir sürü yöneticiyi geri getirdi. Rüşvet vermek o dönemde şimdi Uzakdoğu'da ve mafyada olduğu kadar yaygın olduğundan bu tür suçların yargılanmasında fazlasıyla seçici davranılıyordu, genellikle de takım elbiselilerin sevmediği adamlar üzerinde yoğunlaşılıyordu. Temiz bir devletten söz ederken ticareti destekleyen tipler için birkaç küçük icraat daha anlamlı olabilirdi.

- Bush'ların Florida'yı ele geçirirken yaptıkları gibi emin adımlarla seçim sürecinin dizginlerini eline aldı. Halka temsilcilerin yaklaşık yarısını seçme hakkı verdi, ancak seçimlerini onun beğendiği adamlardan oluşan bir listeden yapacaklardı.

- Devlet yardımı alan –bedava tahıl alıyorlardı– insanların sayısını 320 binden 150 bine düşürdü ve bu listeye kimin gireceğini daha iyi düzenledi.

- Yirmi ila kırk yaş arasındaki hiçbir vatandaşın, askerlik hizmeti dışında, tek seferde üç yıldan fazla İtalya dışında kalmamasını hükme bağladı. Böylece Roma'nın fethettiği uçsuz bucaksız toprakları keşfe çıkabilecek dinç ve sağlıklı vatandaşları şirket genel merkezinde toplamış oldu.

- Hayvancılıkla uğraşan herkese çobanlarının en az üçte birinin özgür doğanlardan oluşması zorunluluğu getiren bir yasa çıkardı. Böylece kurumun tamamen kölelere bağımlı hale gelmemesini garanti altına aldı. Bu hamle, Citibank'ın çağrı merkezi çalışanlarının bazılarının Bombay dışında bir yerlerden gelmesi gerektiğine dair kararına benziyor biraz.

- Doktorları ve öğretmenleri vatandaş yaptı, Roma'nın statüsünü yükselterek bu meslekleri sürdürmek için iyi bir yer olmasını sağladı.

- Borçların geri ödenmesini düzene soktu. Buna göre borçlar tamamen silinmedi, ama son yıllarda yapılan sayısız iç savaştan kaynaklanan yüksek faiz zamları kaldırıldı.

- Suçlara –özellikle de zenginler tarafından işlenen cinayetlere– verilen cezaları sertleştirdi. Satılabilen ve Roma sofralarında servis edilebilen yiyecek çeşidine sınır getiren, savurganlıkla ilgili mevcut yasaları güçlendirdi. Bu, Caesar'ın diğer karakter özelliklerinden biriyle gayet uyumluydu; yiyecek ve şaraba karşı genel bir ilgisizliği vardı.

- Yabancı ürünleri vergiye bağladı, yerel operasyonları güçlendirdi.

- Hayret verici bir düzen içinde uygulamaya koyduğu kamu görevleri ve projeleriyle tüm vatandaşları meşgul etti. Bunlar arasında Mars için yapılan en büyük tapınak, halkın eğlenmesi için inşa ettiği ve bizzat kendisinin tasarladığı, sahte bir deniz savaşının yapılacağı dev havuzun doldurulması, muazzam bir tiyatronun inşası, heykeltıraşlığın yaygınlaşması için yapılan –bazıları çok kötü– düzenlemeler ve yapılan heykellerin şirket genel merkezinin her yerine yerleştirilmesi, en iyi Yunanca ve Latince kitapların bulunduğu, daha çok sayıda ve daha iyi kütüphanelerin açılması, muhtelif bataklıkların kurutulması, Apennin Dağları'nı aşarak Adriyatik'ten Tiber'e ulaşan bir otoyolun yapımı, İtalyan bağlarının ortasından geçen bir kanalın yapımı ve sayıları sadece Caesar'ın olağanüstü hayal gücüyle sınırlı olan daha pek çok iş vardı.

Öldürüldüğünde bu girişimlerin çoğu rafa kaldırıldı – utanç verici bir şey. Ama yine de Casca ve Cassius'tan daha iyi olan adamlar bile onun öldürülmesinin doğru olduğuna inanmıştı. Bir ya da iki değil, tam otuz senatör cinayette rol aldı. Bunların içinde (söylenenlere göre) şirketi Etrüsk krallarının elinden kurtaran adamın soyundan gelen, üvey oğlu olarak gördüğü, yüce gönüllü, asil dostu Marcus Brutus de vardı. Bu saygın patricilerin daha birçoğu dönemin baş aktörünün nasıl öldürüleceğini biliyordu, ama hiçbir şey söylemediler. Neden?

Çünkü Caesar cinayetinde kişisel çıkar ile ahlaklılık arasındaki mükemmel arayüzü, Haçlı seferlerinden günümüzün bilgisayarlı versiyonlarına kadar tarih boyunca diğerlerinin hepsinden daha çok tahribat yapmış etkenlerin ölümcül bir bileşimini buluyoruz.

Peki ya bizim oğlan? Daha yakın zamanların pek çok genel müdürü gibi omuzlarında dünyanın yükünü taşıyarak ve belki de dizinin dibinde bir stajyerle oturan Caesar, düşmanlarına tam da istedikleri şeyi verdi.

Layık görüldüğü tüm payeleri kabul etti – Ömür Boyu Diktatör unvanı da dahil olmak üzere. Bugün bir tek şirketlerini sadece yönetmeyip onun sahibi de olan adamların hoşuna giden bir pozisyondur bu.

Adının başına İmparator, sonuna da –Vatanın Babası anlamına gelen– Pater Patriae ifadesinin konmasına izin verdi. Kendi babalarının vatanın babası olduğunu düşünenler için bu çok çirkin bir şeydi.

Düşüncesizce konuşuyor, (doğru olsa bile) korkunç görüşler dile getiriyordu; devletin boş bir kabuk olduğu, özden çok şekle önem verildiği, sözleri kanun sayılması gereken yüce bir hükümdar olduğu, Sulla gibi geçmişin gözdelerinin gerizekâlı oldukları gibi şeyler söylüyordu.

Seçilmiş yöneticiler –hatta şirketin konsülü bile– ofiste öldüğünde yerine kimin geçeceğini belirleme işini kendi üstüne alıyor, miras yoluyla bu göreve gelecek olanlara hak ettiklerini düşündükleri saygıyı göstermeyip görüşlerini bile sormuyordu. Cumhuriyet'in seçilmemiş temsilciler aracılığıyla korunması tuhaf bir şaka gibiydi ve bu özellikle mızmız elitlere pek cazip gelmiyordu. Caesar şunlara da düşkündü:

• Kutsal mekânlara kendi heykellerini diktirmek.

- Tiyatronun özel bir bölümündeki yüksek bir sedire yayılıp oturmak.

- Hoş bir macenta yeterliyken kraliyet morunu saygısızca sürekli giymek.

- Senato'daki işlerini özel yapım altın bir tahtta tüm ihtişamıyla oturarak yürütmek (Senato mensuplarıysa monarşik şaşaanın böylesine berbat bir biçimde sergilenmesi karşısında rahatsız olduklarını belli eden bir tavrı sürdürüyorlardı).

- Kendine tapınaklar inşa etmek ve bunları tanrılar için ayrılmış yerlerin yanına yerleştirmek...

...ve başka bir sürü kocaman şişko parmağı yönetimdeki siyasi ve dini kodamanların gözüne sokmak. Bunları yapmak onu memnun etmiş ve eğlendirmiş olmalı, öte yandan bir tanesinin bile daima savunduğu halka gerçek bir faydası yoktu.

Kısacası, artık kontrolü kaybediyordu. Üst düzey yöneticilerin başına gelen bir şeydir bu. Devamlı bir başarının, yaşlanmanın ve geçimini başkanın etrafında dolanıp onunla aynı fikirde olduğunu söyleyerek sağlama eğiliminde insanların peydahlanmasının beraberinde getirdiği bir olgudur. Aptal, başarısız, zevk düşkünü ya da su katılmamış bir çatlak olduğu ortaya çıkan imparator CEO'lar sayılamayacak kadar çoktur. Ayrıca hiçbirini rencide etmek istemem, çünkü hemen alınganlık göstermenin yanında kinci olmak da bu tür bir narsisizmin parçasıdır.

Caesar'ın gücü büyüktü. Bir deliydi ve gitgide daha da deliriyordu, ancak iktidarda manyaklardan oluşan uzun bir kuyruğa alışkın olanlar için bunda çok da şaşılacak bir şey yoktu. Kendilerini haklı gören suikastçıları gaza getiren şey, Cumhuriyet'i bir arada tutan o yapıya karşı ilgisizlik ve saygısızlıktı.

Bardağı taşıran birçok damla olmuştu. Kendisine bir şeref nişanı verildiğinde (muhtemelen o hafta içinde gittiği altıncı resmi davette aldığı onuncu nişandı bu) Senato'nun onuruna ayağa kalkmadı. Ayağa kalkma geleneğinin kendisine karşı değildi aslında. Hatta Pontius Aquila adındaki bir tribün böyle bir törende onun onuruna ayağa kalkmayınca defne tacını fırlatmış ve söylendiğine göre günlerce bundan dolayı üzüntü duymuş, dostlarına ancak "Pontius Aquila izin verirse" herhangi bir konuda harekete geçeceğini söylemişti.

Bir de ona gayriresmî olarak Roma'nın Kralı unvanının verildiğine dair bir söylenti vardı. Bu unvanı alma konusundaki isteksizliğini dile getirmişti tabii... Ama bundan önce kendisine verilen tüm diğer unvanları büyük bir memnuniyetle kabul etmiş olduğu için bunu söylerkenki samimiyetinden kuşku duyanlar vardı. Bunu kendisinin planladığına inananlar bile vardı.

Junius Brutus yüzlerce yıl önce hepsini kovduğundan beri Roma'nın hiç kralı olmamıştı. Bir kralın olmaması, iktidar boşluğunu dolduran, Cumhuriyet'in yükselmesinden ve güçlü, diktatöryel bir monarşinin kapı dışarı edilmesinden faydalanan aristokrasi için büyük bir gurur vesilesiydi. Caesar'ın egosunu okşamak onlara çok acı veriyordu. Ama katlanamayacakları bazı şeyler vardı ve kralların şirkete dönmesine izin veren elitler kuşağı olmak da bunlardan biriydi. Bir grup olarak bu kanaati diğerlerinden daha fazla paylaşıyorlardı ve kendilerini iyi hissetmelerini sağlamak gibi ek bir faydası da vardı. Kral mral yok. İşte o kadar!

Ancak Caesar'ın heybeti ve kendine hayranlığı tıpkı Şükran Günü geçit törenindeki balonlar gibi her geçen gün daha da büyüyordu. Çok yakında durdurulamaz hale gelecekti. Bu yüzden toplanmaya başladılar ve kendilerine karşı ahlaki ve insani görünebilmek için neredeyse hemen kurumun prensiplerini oluşturmaya giriştiler, özgürlük ve gelenek ve her türlü asil şeyle ilgili kavramlara başvurdular. Dünyadaki rolleri bakımından Caesar'dan aşağı kalır yanları olmayan pek çok para babasının katılımıyla bu girişimlerinde sınırsız yardım aldılar. Bilhassa Brutus. Caesar en az bir kez zor bir durumdayken hayatını kurtarmıştı, annesi de çok iyi arkadaşıydı. Brutus yönetim kurulundayken yaptıkları her şeyin doğru olduğuna dair kimsenin aklında en ufak bir şüphe olmazdı.

Sonuç itibarıyla yüz senatörün altmışından fazlası ona karşı birleşti. Komplolar kuruyor, karanlık köşelerde ve evlerde buluşuyorlardı. Sonunda Caesar'ı Mart'ın on beşinde Senato'nun tiyatro binasına girerken gafil avlamak üzere bir plan yaptılar.

Yaklaşmakta olan kötü günle ilgili bir sürü alameti Caesar'ın kendisi de görüyordu. Bağırsaklar, öfkeli kuşlar ve bunun gibi bir sürü şey vardı, ama o kariyeri boyunca bu tür saçmalıklara asla kulak asmamış, o sabah koyun bağırsakları ne diyorsa güneş saatlerini ona göre ayarlayan akranlarından daha çok kehaneti gözardı etmişti. Şimdi de bir korkak tavuğa dönüşmeyecekti.

Böylece o sabah ofise gitti, halbuki bir sürü insan gitmemesi için onu uyarmıştı ve doğruyu söylemek gerekirse o da kendisini pek iyi hissetmiyordu. Ona uzun uzun yağ çekmek isteyen bir adamla bir süre lafladı. Bir araya toplanmış komplocular foyaları meydana çıkacak diye çok gerildiler ama çıkmadı. Her zamanki gibi reisi bıktırana kadar konuşan herhangi biriydi bu. Yerine oturur oturmaz, adı şu anda sadece bu büyük özgürleşme hareketindeki rolü yüzünden bilinen Tillius Cimber Caesar'a yaklaştı, elini omzuna koydu, togasını geriye doğru çekti ve Casca'lardan biri hançerini boğazının alt kısmına sapladı. Caesar "Neden, bu bir vahşet!" diye bağırdı. Sonra da teker teker hepsi hançerlerini çekip Caesar'ın üstüne çullandılar. Belli bir noktada Caesar tek eliyle togasını başından çekti ve düştüğünde bacakları uygunsuz bir şekilde açılmasın diye öbür eliyle kumaşın altını yavaşça düzeltti.

Himaye ettiği genç dostu Brutus'ün bıçakla kendisine doğru geldiğini görünce Yunanca "Sen de mi oğlum?" dedi sadece ve yere yığılıp can verdi.

Cumhuriyet'in bu cesur dostlarının planı başlarını dimdik tutup tüm Roma'ya yaptıkları şeyi duyurmaktı. Ama bunun yerine eylemlerinin büyüklüğü karşısında dehşete kapılıp kaçtılar. Birdenbire duymaya başladıkları büyük korkuyla yüzlerini de elbiselerinin altına gizlediler. Artık yaptıkları şey onlara hiç de asilce görünmüyordu, aksine korkunç ve büyük sonuçlar doğuran bir eyleme dönüşmüştü. Bu arada çok da kaygılıydılar, herkese göre idari yapının iki numaralı adamı olan büyük Marcus Antonius'un vereceği tepkiden endişe ediyorlardı. Antonius güçlü, fazlasıyla dikkafalı, kendisini rahatsız edenleri öldürmekten çekinmeyen ve özellikle de kendisi hesaba katılmadan yapılan işler karşısında hırçınlaşan biriydi. Antonius'un kendini dev aynasında görmesinin dışında rahatsız edici tarafı, (1) Caesar'ı sevmesi, (2) her kaprisini çeken, bayağı kocaman bir orduya sahip olmasıydı. O yüzden de yedikleri haltı düşündüler ve özgürlük falan peşinde koşarken edindikleri yeni ve güçlü düşmanları hesaba katarak kaçtılar.

Caesar'ın cesedini denize atıp evini yakmak isteyen Cassius ve tamamen stratejik davranan diğer senatörlerin dileklerinin aksine daha zeki ve daha aptal kafalar üstün geldi. Ölmüş liderin delik deşik cesedi eve taşındı. Devrik demagogun son arzusu ve vasiyeti Antonius'un evinde okundu. Ve içinde iyi günlerinde, şirketin belki de en iyi zamanlarında, Caesar'ı Caesar yapan ruh zenginliği, Roma aşkı vardı. Irmağın kenarındaki bahçelerini herkes kullansın diye halka bırakıyor ve her bir adama üç yüz sestertius verilmesini söylüyordu. Octavianus'u vârisi ilan ediyor, imparatorluğun sonraki binyıllık geleceğini kelimenin gerçek anlamıyla inşa eden adamı son yaratıcı işi olarak adlandırıyordu.

İçleri vatanlarının babasına karşı duydukları sevgiyle dolu olan halk, toplu suikast karşısında öfkelenerek sokaklara döküldü ve hemen katillerin peşine düştü. İlk iş olarak yanlış Casca'yı öldürdüler ama daha yeni başlıyorlardı. Yas tutmaya ve ateş yakmaya hiç durmadan devam ettiler. Ayinler sırasında bir kuyruklu yıldızın art arda yedi gün boyunca gökte parladığı söylendi. Bunun Caesar'ın cennete yükselen ruhu olduğuna inanıldı.

O ruh Yaradan'ına kavuşmuş olabilir ama kuruma kattığı çok daha büyük ve kalıcı değer, şirketin dünya çapında büyümesi için yeni ve büyük bir sayfa açılmasını sağlayan ve pek çok yönden kendinden önce olup biten her şeyi gölgede bırakan mirasıydı.

DOKUZUNCU BÖLÜM
Antonius ile Augustus

Zavallı Caesar. Tam olacakları anlamak üzereydi ki, olanlar oldu. Ancak pek çok kafadan çatlak üst düzey yöneticinin aksine, onu başarılı kılacak bir yönetim ekibini seçme konusunda müthiş bir sağduyusu vardı. Büyük bir bilgeliği ve sezgisi vardı, aynı zamanda egosu da epey kabarıktı, eşi benzeri olmayan şahsiyetinin yerini alabilmesi için bir değil, iki değil, üç üstün nitelikli bireyin bir araya gelmesi gerektiğini biliyordu.

İyi bir seçim yaptı. Metaneti, kudreti ve halka olan sadakati için Marcus Antonius'u seçti, bir de muhtemelen Roma'yı kamu ahlakıyla kafayı bozmuş sert kurallarla dolu birkaç levhayla değil; terle, kanla ve diğer salgılarla canlı tutacak bir adam olduğu için. Öbür uçta Octavianus vardı; genç, zeki, stratejikti, Antonius ne kadar ateşliyse o da o kadar serinkanlıydı. Caesar bu oğlanı sevmişti. Onun da işin içinde olmasını istemişti. Ve bir de Marcus Lepidus vardı. Bir dost, güvendiği bir adam, öbür ikisine göz kulak olması için güvenilebilecek, bir taraftan da çarkın dönmesi için gerekli evrak işlerini yapmaktan gocunacak kadar gururlu olmayan, sıkıcı, yaşlı bir bürokrat. Her yönetim ekibinde böyle birine ihtiyaç vardır: Dinamizmi eksik, sabrı fazla, toplantılarda etrafındaki herkes uyuklarken uyanık kalma ve BlackBerry'sinin antik muadilini kontrol etme yeteneği olan biri.

Roma'yı kendi taklidi olan yıpranmış Cumhuriyet'ten kurtarıp beş yüz yıllık imparatorluk devrine götüren üçlü yönetim buydu işte. Birçok büyük şey başaran takdire şayan bir ekipti elbette. Ve tabii ki çok da asil.

Fakat bazen bütün o büyüklük zırvalarını bir kenara bırakıp onları oldukları gibi sevmeniz gerekir. Mesela Marcus Antonius. İrikıyım bir herif. Yürekli. Güvenilir. Adamları tarafından sevilen, başka herkesin nefret ettiği biri. Çok yakışıklıydı. Gür ve biçimli olmasıyla meşhur bir sakalı vardı. Savaş meydanında muzafferdi. Tam bir seks düşkünüydü, o kadar ki nezih Romalılar ondan iğrenirdi. İnanın bana, bir-iki hevesli stajyerden bahsetmiyorum. John Kennedy'den bile beterdi; sonunda da ondan öldü. Yaramaz Antonius!

Eğlenceli Antonius. Bence en komiği, görev başındayken içki içip âlem yapmasıyla ilgili hikâyelerdir. Bir seferinde şarap, kadınlar ve eğlenceyle geçen bir gecenin ardından, Senato'nun mermer kaplı kutsal avlusunda sabahın erken saatlerinde yapılan önemli bir tartışmaya katıldı, körkütük sarhoş bir halde etrafta yalpaladıktan sonra kusmak üzere olduğunu fark eden bir arkadaşının ona doğru tuttuğu togasının içine midesindekileri çıkardı. Böyle bir durumda başka birinin içinde o togayı tutma arzusunu uyandırabilmek için bayağı iyi bir yönetici olmak lazım. Yöneticilikte son nokta.

Münferit bir olay da değildi bu ayrıca. Mesela hiç zaman zaman Spago'nun tuvaletine girip biraz kokain çeken bir yöneticiyle tanıştınız mı? Ya da sabaha bağlanan bir gece boyunca on altı şişe Gray Goose'u devirdikten sonra yakasını ilikleyip kravatını düzelterek bir sürü Vizigot'un arasına dalıp kıçlarını tekmeleyeniyle? Tanışmadıysanız yazık size. Marcus Antonius gibi çılgın kaçık zırdeliler büyük bir şirketin işlerini yapmayı heyecanlı hale getirirler.

Aynı zamanda cömertti de, en az Elvis kadar, düşünün artık. Bir seferinde arkadaşlarından birine aklına esip cebinden çıkardığı yüklü miktarda nakit parayı verdi – yarattığı etkiye bakılırsa 2006 yılının 5 milyon dolarına eşdeğer bir ikramiyeydi bu. Muhasebecisinin sinirleri o kadar bozuldu ki paranın büyüklüğünü Antonius'a göstermek için kasa dairesinden aynı miktarda parayı çıkarıp üst üste yığdı. Yalpalayarak yanına gittiği para yığınına durup göz atan şehvet düşkünü, sarhoş kahramanımız tuhaf görünüşlü, ufak tefek finans müdürüne dönüp "Bu kadar cüzi bir miktara onay verdiğimi bilmiyordum. Sen en iyisi bunu iki katına çıkar," dedi.

Büyük adamdı. Adamlarıyla birlikte yerde yattı. Ağzından ölüm lafı çıkmadı, ölene kadar. Tam ona ihtiyaç duyulduğu anda yüz tane gemi ve elli bin askerle çıkagelen tek kişiydi. Ama bir CEO muydu?

Asla. Gerçek bir CEO daha sert bir maddeden yapılmıştır. Kocaman, hayat dolu, itibarlı bir aksiyon adamı olan Antonius bir oturuşta koca bir sığırı mideye indiriyor ve başka birinin karısını yatağına çağırıyor olsa da çok genç, çok ağırbaşlı, ılık bir banyo yapmaya giderken ağzına küçük bir parça kuru ekmekle hafif ekşi üzümlerden atan, daha sakin başka bir üst düzey yönetici vardı. Daha önce Octavianus olarak bilinen bu yönetici, Augustus'tu. En başından beri kumaşında sadece CEO'luk vardı. Çok önceden beri Julius Caesar'a bağlanmış, onun o zamanlar en sevdiği, limuzininde ona eşlik eden dostu Antonius'un yerini almıştı. Yaşlı yöneticinin "Hırrr" dediğini duyabiliyoruz neredeyse.

İnce, narin yapılı, neredeyse fazla yakışıklıydı, anlarsınız ya. Daha uzun boylu birinin yanında durmadığı sürece çağdaşlarına göre büyük bir adam gibi görünürdü yine de. Hiç de şaşırtıcı değil. Boy yanılsaması, kısa boylu üst rütbeli subaylar için genellikle çok değerlidir.

Augustus, özellikle Antonius'la yan yana durduğunda kısaydı ama bununla kalmıyordu. Tam bir eblehti de. Başında diğer şapkalarından daha çok sevdiği komik bir şapkayla bir şeylere başını sallayarak yürürdü hep. Uzun, kuramsal konuşmalarla akşam yemeği misafirlerine işkence etmek için sıkıcı konuşmacılar getirtirdi. Durmadan sağlığından şikâyet ederdi, işler arapsaçına döndüğünde kötü sağlığı genellikle karşısına bir engel olarak çıktı. Bazen, özellikle de Caesar suikastından hemen sonraki ilk savaşlardaki davranış tarzı *Monty Python ve Kutsal Kâse*'deki önce hiç acımadan saldırıya geçen, sonra da geri dönüp –"Kaçının! Kaçının!" bağırışları arasında– kaçan şövalyeleri andırıyordu biraz. Bu tarzıyla meşhur olmuştu âdeta, kurum içinde dalga geçme fırsatlarını hiç kaçırmayan Antonius da böyle durumlarda ona muhallebi çocuğu demekten geri durmuyordu.

Antonius her zamanki gibi bir şeyi gözden kaçırıyordu. Ebleh patronlar tarih boyunca dünyanın tepesinde oturmuşlardır, bugün de gezegeni onlar yönetir. İçlerinden bazıları şunlardır:

- Bill Gates: Dünyamız onsuz nasıl olurdu?
- Steve Jobs: Daha yaratıcı ve üretici bir beyin var mı?

- Andy Grove: Gerçekten de en büyük kurumsal firmalardan birini yöneten harika bir adam.
- Dreamworks SKG: Tek tek hepsi.

Demek istediğim, birçokları için kısa bir bacak da uzun olanı kadar iyi bir kaldıraçtır. Antonius kasım kasım kasılırken, sırt sıvazlarken ve Senato avlusuna giderken bazen yolda yaptığı gibi arkadaşlarıyla birbirlerinin yerine geçerken, ortalığı karıştırıp kavga çıkarırken ve kellifelli insanların sinirlerini zıplatırken, Augustus da harikulade bir meydanın aydınlık bir köşesinde, ışığın üstüne en iyi vurduğu noktada sessizce durur, bu boşboğaz, düzenbaz, güçlü pisliğin defterini dürmek için daha ne kadar sabretmek zorunda olduğunu merak ederdi. On altı yıl bekledi.

Her ne kadar Caesar bazen limuzinin içinde ona sulansa da Octavianus olmak iyiydi. Ama Augustus olmak daha iyiydi, haham da gitmişti nasıl olsa. Yaşlı adamın ona yaptığı büyük bir iyilikti bu. O kim oluyordu ki –yakında ölecek olan!– bir devlet adamının ona bahşettiği ismi geri çevirecekti.

Böylece Octavianus Caesar Augustus oldu, sonra da yeniden markalaştırma girişimini işin özüne indirgeyerek tamamladı ve Caesar adını aldı. Bu ismi bir soyadı kadar önemli hale getiren ilk kişiydi. Tek. Biricik. Augustus bir yana, diğer her şey bir yanaydı. Öldüğünde onu tanrı yaptılar. Bir CEO olarak ondan daha iyisi dünyaya gelmedi.

Hayatının sonlarında büyük başarılarını anlatan, "kitap" olduğuna inandığı bir şey yazdı. *Res Gestae Divi Augusti* [Tanrısal Augustus'un Fiiliyatı] adını taşıyan bu Roma siyasi hayatının yüz kırk beş köpek yılı hakkındaki minik eseri yetmiş yedi yaşına vardığında yazmıştı. Gerçek şu ki, zevk için yaptığı bir iş olsa da kitaba baktığınızda Augustus'un bunu yazarken ne kadar sıkıldığını hissedersiniz. Yöntemi, harekete geçmek, ilerlemek, dağları delmek, rayları döşemek ve kayaları yontmak, kısacası yapmaktı. Gösteriş budalası Trump gibi kendini göklere çıkararak çok satanlar listesinde yükselmek değildi. Gerçi her gerçek kodamanın yapacağı gibi, metnin tamamını altın sütunlar halinde yazdırıp Forum'da sergilemişti ya neyse.

Amma da çok başarısı vardı, bunları elde etmeye başka oğlanlar mercimeği fırına vermekle ve şerefe kadeh kaldırmakla uğraşırken başlamıştı. Örneğin on dokuz yaşındayken bir ordu kurup devleti başındaki küçük ama kemikleşmiş kadrodan kurtardı. Bunu, özellikle belirttiği gibi, Senato'nun ve halkın teşvikiyle ve harcamaları cebinden karşılayarak yaptı. Ne kadar da kibar bir tanrı!

Babası gibi olan amcasının katillerini tamamen yasal bir tavır içinde, en küçük ayrıntıya bile dikkat ederek Roma'dan sepetledi. Bu ahlaksız hainler anlaşmayı bozup yüce gönüllü devlete saldırınca onları iki savaşta süratle yendi: Biri Cassius'un bozguna uğradığı, diğeri de asil devrimci Brutus'ü bu amaç için tutulmuş bir kölenin ellerinde intihara sürükleyen savaştı. Augustus'un anlattığına göre Antonius'un bu zaferlerde hiçbir payı yoktu, ama işin aslı, Antonius'un emsalsiz cesareti, yiğitliği ve şansıyla Octavianus'un başını defalarca beladan kurtarmış olduğuydu. Augustus "bütün dünyaya" savaş açıp hep galip gelmesine rağmen yenilenlere genellikle iyi davranmakla övünürdü. Bu doğru sayılabilir ama her zaman değil. Birçoğundan daha iyiydi.

İki kez resmi törenle karşılandı, ki bunlar çok önemli olaylardı, üç zafer kazandı ve yirmi kez imparator unvanı aldı. Unvanlarla bağlantılı tüm bu törenler Roma'nın hiyerarşik kültürü içinde çok özel ve önemliydi; her ne kadar bugün başkan yardımcılığından idari başkan yardımcılığına terfi etmek bir yöneticinin gelir kapısının kapanması anlamına gelebilse de. Roma Augustus'a aynı olağanüstü unvanları defalarca vermeye devam etti, çünkü ona verebileceği başka bir şeyi kalmamıştı artık. Augustus da her seferinde Senato'ya, halka, tanrılara ve aklınıza gelebilecek başka her şeye teşekkür etti. Delik deşik edilmiş selefinin düştüğü hataya düşmeye niyeti yoktu. Kültürlerin efsanelere ihtiyacı vardır ve bu şirketin asıl efsanesi de özgür bir cumhuriyet olduğuydu. Bu yüzden Augustus yönetim kuruluna her zaman nazik davrandı.

Senato, Augustus'un yaptığı muhteşem işlere teşekkür etmek amacıyla onun onuruna ölümsüz tanrılar için elli beş kez parti düzenledi. Bu çok büyük bir sayı, ancak Senato'nun daha az kurban kesilmesi için karara bağladığı sekiz yüz doksan günün yanında az bile kalır. Augustus on üç kez konsül seçildi ve neredeyse kırk yıl aralıksız tribünlük yaptı – imparatorluk gibi değildi bu iş belki, ama önemsiz de sayılmazdı.

Sicilya'dan İskandinav ülkesine kadar kontrol onun elindeydi ama diktatör ya da ömür boyu kral olduğunu asla kabul etmedi. Halbuki öyleydi aslında. Hispania'dan Suriye'ye kadar dikilen heykellerini indirterek bir kez daha Roma'nın kendi kendisine dair fikrine yağ çekti. Pek çok durumda ofislerini bürokratlarla paylaştı. Bu bürokratlar, eminim, Sacramento'daki törende bir günlüğüne seçilen bir valinin Arnold'un hoşuna gitmeyecek önemli bir yerel yasayı kabul etmesinden daha çok ağrıtmamışlardır Augustus'un başını.

Orta kademe yönetime çok sayıda taze kan getirdi ve büyümekte olan şirket genel merkezinde düzenli olarak nüfus sayımı yaptırdı. MÖ 29 ile MS 15 arasında, onun yönetimi altındayken, Roma'nın mutlu paganlardan oluşan nüfusu dört milyondan yaklaşık altı milyona çıktı.

Onları kendi pembe dünyalarında tutmak amacıyla zamanın tüm ruhunu barındıran bir markanın yeniden canlandırılması ve tanıtılması için bir seferberliğe önayak oldu, eski Cumhuriyet'in kötü günlerine gömülmüş olan, toplumun en sevdiği bazı festivalleri, dini kuralları, avcılık sporunu ve ahlaki standartları geri getirdi. Şehrin dört bir tarafındaki tüm tapınak ve ibadethanelerde onun sağlığı için dua edilmesi hiç de şaşırtıcı değildi. August ebleh olmasına eblehti ama kendisi için nerelerde kaç dua edildiğini söyleyebiliyordu, ki bu da CEO'ların detaycı olmadığına inananlar için öğretici bir gerçektir.

Çeşitli heykel açılışlarının, bağırtkan demeçlerin ve şatafatlı kutsama törenlerinin listesi baygınlık verecek kadar uzundur. Törenlere tezahüratlarıyla eşlik eden kalabalığın nereden çıktığı, Roma vatandaşlarına, hatta size bile, tıpkı New York'taki masamın üstünde duran 1986 Malcolm Baldridge Kalite Ödülü kadar anlaşılmaz geliyordur.

Yoldan geçen yabancılara Cadillaclar dağıtan Antonius kadar hesapsız bir cömertliğe sahip olmasa da Caesar da belli bir süre boyunca Roma'ya ve nefes alıp veren her Romalıya bir hayli para akıttı. Hükümranlığının sonuna kadar harcadığı paranın miktarı düşünülürse David Geffen cimrinin teki gibi görünür. Tahıl için ödeme yapıyordu ve parayı herkese dağıtıyordu. Askerleri son çıktıkları yağma ve kıyım nöbetinden döndüklerinde onlara vermesi gereken toprak için para ödüyordu. Rahatça gidip işgal edebileceği İtalyan toprakları için yaklaşık 600 milyon, öküzlük edip kendi malı gibi el koyabileceği kırsal araziler için de 260 milyon sesterce verdi.

Senato hazinesine dört kez yardımda bulundu, devletin kasasından değil kendi cebinden orduya verdiği 170 milyonun haricinde 150 milyon sesterce bağışladı. Herkesin ayrı bir zevki vardı ve sadık olan hiç kimse onsuz yaşayamıyordu. Neticede çeşitli hazinelere, terhis edilmiş askerlere harcadığı ya da Romalılara doğrudan verdiği paranın miktarı 2,4 trilyon civarına ulaştı. Ne kadar çok ikramiye alıyor olsa da böyle bol keseden teşvik dağıtan bir üst düzey yöneticiden kimse nefret etmez bence.

Gerçekten de alıyordu. Augustus iyi yaşıyor, bir sürü açgözlü, muhtaç, kafadan çatlak akrabayı da gayet güzel besliyordu. Tüm diğer Caesarlarla kıyaslandığında, yanına yaklaşma cesareti gösterebilmiş çok daha az sayıda insanı idam ediyordu. Ancak bu ılımlı tabiatını ne yazık ki kızı Julia'ya göstermiyordu. Ona fethettiği sömürgelere davrandığı gibi davranan Augustus zavallı küçük zengin kızı o kadar çok siyasi dostuyla evlenmeye zorladı ki –bazen mevcut kocasının çocuğuna hamile oluyordu– kızcağız sonunda komşular yönetime şikâyete gelene kadar gece gündüz parti yapan tam bir fahişeye dönüşmüştü. Çılgına dönen ve küçük düşürülen kızgın baba canına okuduğu kızını bir adaya gönderdi; böylece onu görmek, bir önceki gece kaç erkekle cinsel ilişkiye girdiğini dinlemek zorunda kalmayacaktı. Onu hiç affetmedi – ya ahlaksızlığından ya da zevksizliğinden, hangisinin gerçek sebep olduğunu söylemek bu noktada imkânsız.

Bir yandan bu kadar büyük liderlerin hep yaptığı gibi ailesinin içine ederken bir yandan da kendini hastalık derecesine varacak kadar meşgul ediyor, bir sürü tapınağın yanında alışveriş merkezi ve tema parkı gibi eğlenceli şeylerin de dahil olduğu yüzlerce şahane bina yapıyordu. Bunların çoğunu kendi parasıyla inşa etti – söylediğine göre, hiçbirine kendi adını vermedi. Su kanalları, köprüler, yollar, baştan aşağı şehirler, seksen iki tapınak, aslında imparatorluğun tamamında yeniden yapılması gereken her şey, tiyatrolar, bazilikalar, Apollo, Jüpiter için tapınaklar...

Ayrıca dünya çapında sanatsal yeteneklere sahip envai çeşit insana sponsor oldu, bunlara yayın standartlarına uymayacak malzemeler üreten Ovidius gibi, bugün okuması fazla sıkıcı olan Horatius gibi, o dönemin George Lucas'ı olan Vergilius gibi çok rağbet gören devler de dahildi. En ilginç olan yanı da büyük patronun kendi şahane kişiliğini eleştiren işlere karşı gösterdiği hoşgörüydü. Örneğin Vergilius kariyerine Caesar'ın savaştan dönen askerlere toprak verme politikasını sert dille eleştiren bir eserle başlamıştı. Yazdığı büyük destan *Aeneis*, fetih seferlerinde, iyi kalpli devletin verdiği yetkiyle çıkılanlarda bile hiçbir coşku kalmamasının yarattığı acıklı hali sergileyen çok uzun bir şiirdi. Yine de Augustus'un gösteri dünyasından insanları ve insafsız sanatçıları desteklemekten, onlarla dostluk kurmaktan daha çok sevdiği bir şey yoktu. Daha önce de bahsettiğimiz gibi, Augustus konuklarını saygıdeğer yazarların okuduğu uzun metinleri dinlemeye zorlayarak onlara kalp krizi geçirtirdi. Hayatta aklın da mide ve kılıç kadar önemli olduğuna inanırdı.

Hiç kimse operasyonu baltalayıcı bir şey düşünecek vakit bulamasın diye, iş hayatında iyice kaşarlanmış bir tip değilseniz midenizi altüst edecek türden bir sürü gladyatör gösterisi de düzenliyordu. Romalılar şanlı, şerefli filanlardı ama bir grup iğrenç sapık olarak da rakipsizdiler. Eminim filmleri seyretmişsinizdir. Heba olmuş onca hayat... Komik kostümler giymiş, ağızlarından salyalar akan devlerle dövüşen dehşet içindeki cüceleri, ebeveynleri tarafından öldürülen çocukları seyrederek bağırıp çağıran vatandaşlardan oluşan koca kalabalıklar... Birbirlerinin beyinlerini ezen mahkûmlar... Kaplanları öldüren aslanlar, acı içinde uluyan köpekler, çığlıklar atarak ağlayan filler, çeşit çeşit tavuklar, yaban domuzları ve zaman zaman da kovalanarak yakalanan kadınlar ve çocuklar... Bütün bunlar ne demek oluyordu? Augustus Afrika'dan getirtilip öldürülen hayvanların sayısıyla övünüyordu. Üç bin beş yüzden fazla! Peki ya buna ne demeli?

En sonunda holdingleri birleştirip uzun süre devam eden bir barış ortamı kurdu, çünkü bu "üst düzey yönetimine kulak asmayan" bir şirketti. Ne çok şey anlatıyor bu ifade.

İçinde yaşamak istediğiniz Roma buydu. Denizde korsanlar yoktu, yüzlerce yıl boyunca büyük bir endişe kaynağı olan köle ayaklanmalarıyla ilgili endişeye mahal yoktu, çünkü Augustus yaklaşık sekiz yüz bin asiyi azat etti, sadakatleri karşılığında onlara toprak verdi, sizin ve benim gibilerin günün birinde olmak istediğimiz gibi zengin Romalılar olabilecekleri yeni şehirler kurmalarına yardımcı oldu.

Sadece İtalya değil, Galya, İspanya, Afrika, Sicilya ve Sardinya'daki herkes de dizlerinin üzerine çöküp hayat standartlarının yükselmesi için ellerini uzatmıştı. Augustus'un Romalılar için yarattığı dünya, Ren'in ağzından kuzeydoğuya, geçmişte büyük kötülükler yapan ancak şimdi şirkete bağlı mutlu iştirakler ve ticari ortaklar listesine katılmaya hevesli Kimberlerin topraklarına kadar her yerde güvenliydi. Güneyde Etiyopya'ya! Doğuda Arabistan'a! Fethettiği, sonra da yerli kralını yeniden tahta çıkararak yaşam boyu dostu haline getirdiği Ermenistan'a! Şurada biraz katliam, burada bir avuç dolar derken çok geçmeden ortaya Roma'nın tamamı çıkmıştı ve bu çok güzel bir şeydi. Komşusuna kızıp elini dahi kaldırmıyor, para oradan oraya akıyor ve şirket kavramını kimse anlamıyordu.

Gerçekten büyüleyici. Çağının bilge ve dâhi adamı Augustus hakkında başka bir hikâyeyi daha severim. İşlerin hâlâ devam ettiği ilk evrede, kendini keşfetmekle uğraşırken ve kariyeri çikolata kaplı bir çubuk gibi üzerine çoğu yakın dostu ve ortağı olan düşman karıncaları çekerken, genç savaşçı Romalı yönetici sınıfına yapılan bayağı geniş çaplı bir kıyımı idare etti. Dümenin başında bir tek o yoktu tabii. O zamanlar en yakın arkadaşı olan Marcus Antonius da yanıbaşındaydı. İkisinin elinde de mallarına el konulup idama mahkûm edilen yöneticilerden oluşan uzun birer liste vardı. İhtiyar Lepidus'la birlikte iki proje müdürü bunların temizlenmesi gerektiğine karar verdiler. Çeşitli çaplarda bin kadar devlet adamı bıçaklandı, zehirlendi ya da uçurumlardan aşağı atıldı. Onurlu olanlar kendilerini öldürmeye zorlandı. Tehdit mi edildiler yoksa ikna mı oldular tam olarak bilinmiyor, ancak bugünkü insan kaynakları yönetimi için faydalı bir araştırma konusu olacağı kesin.

Her kurumsal dönüşüm iyi bir temizlik gerektirir, bu kurumların başındaki üst düzey yöneticiler arasında aksini iddia eden çıkmayacaktır. Eski patronlar ölüp gider. Siz yeni bir dalgasınızdır, uygulamaya koyacağınız yeni fikirler, yaratacağınız yeni kaynaklar vardır. Etrafınız eski ekipten düşmanlarla, işe yaramaz döküntülerle çevrilidir, çok konuşup hiçbir iş yapmazlar. Evet, inşa ettiğiniz her şeyin altını oyarlarken, gerici, artçı bir yapıyı tekrar getirmek için gizli gizli komplolar kurarlarken onlarla birlikte yaşayabilirsiniz elbette – ya da onları öldürebilirsiniz. Bunu başaramayanlar için kullanılan bir sözcük vardır. Onlara kaybedenler denir.

Bu işin hoş bir parçası değildir gerçi, kimse böyle bir şeye bulaşmaz. Fazla bulaşmaz. Augustus'a dönecek olursak, normalde gayet soğukkanlı biriyken, yeniden yapılandırma planını hayata geçirmekte olduğu dönemin ortalarında bir gün eski bir iş arkadaşına sudan bir sebeple acayip kızmıştı. Sonradan tanrı mertebesine çıkan Vatanın Babası bu beyefendiyi ölüme mahkûm etmekle yetinmedi, bahtsız eski bölüm başkanının kafatasının içine dalıp pıt pıt atan göz çukurlarından kendi elleriyle canlı bir gözyuvarını çıkardı. Off! Amma acımıştır.

Bir iş arkadaşının gözyuvarını söküp alabilecek sadece birkaç kişi tanıyorum, hepsi de CEO. Kendileri de büyük ve tehlikeli birer egoist olan bir grup güçlü şahsiyeti elinizde tutmak, sizi mutsuz etme riskini göze alamadıkları ya da tam tersine sizden övgü alabilmek için istediğiniz her şeyi –ne kadar deli saçması şeyler olursa olsun– yapacak kadar korkutmak istiyorsanız böyle şeyleri yapmaya hazır olmalısınız.

Antonius'ta da bu yetenek vardı. Silahlı adamlarla dolu bir savaş alanının tamamını sevgi ve korku karışımı bir etkiyle kontrol altında tutabiliyor, onlara histerik bir sadakat duygusuyla kendilerinden geçerek gözyaşlarına boğulmuş bir halde diz çöktürüp kendisi için ölmelerine izin vermesi için yalvartıyordu. Antonius'ta her şey bir şekilde kalple ilgiliydi zaten. Ölümü de sonunda kalbinden oldu. Augustus'un ise duygularla işi olmazdı. Her şey işten ibaretti, hiçbir şey kişisel değildi.

Yüzleşme kaçınılmazdı. Ateşte cızırdayan tavuk bağırsaklarını ya da tepelerinde daireler çizen kartalları ya da hava durumunu ya da rüyalarını ne kadar yakından incelerlerse incelesinler geleceği önceden bilme ayrıcalığına sahip olmadıkları için bu büyük çekişmenin neticesinin ne olacağı son noktaya kadar kimse tarafından bilinmiyordu.

Başlangıçta, Büyük Julius'un kariyer sahibi yaptığı bir grup adam tarafından bıçaklanmasının ertesi günü, şirketin akıbetinin ne olacağını görmek o kadar da zor değildi. Emrine amade zorba devlerden bir ordusu olan, büyük, güçlü, deli, sarhoş ve ihtiraslı Antonius, şüphesiz takip edilmesi gereken adamdı. Bir de şu küçük cılız oğlan vardı, elinde kayda değer bir ordusu bile olmamasına rağmen Caesar'mış gibi dolaşıyordu etrafta. Ama bir dakika... Öyleydi aslında. O, Caesar'dı! Kim demiş? Caesar! Şirketin Antonius tarafında çalışıyorsanız oturup bunu bir düşünün en iyisi.

Yaşlı adamın şirketle ilişiğinin kesilmesinden önce bile Antonius'un Octavianus'un durumuyla ilgili endişeleri vardı. Bu ufaklıkta tuhaf bir şeyler vardı. Koca kurdun kalbini bu kadar çabuk nasıl fethetmişti mesela? Küçük bir kraliçe gibi tüm ilgisini nasıl çalmıştı? Tamam, çekiciydi, küçük baş belası. Ama ihtiyar bu ne idüğü belirsiz oğlanı neden vârisi yapmış, ona neden ismini vermişti ki, Jüpiter aşkına? Caesar! Bu marka Roma halkının gözünde ne anlama geliyordu? Her şey! Patron ona bunu nasıl yapardı? Antonius'a! İspanya'daki o büyük anlaşmayı yapıp eve döndükleri gün daha dün gibiydi. Yüzden fazla en üst düzey Romalı yöneticinin konvoyunu karşılamaya gelmişti. Başkanla birlikte Maybach'ın içinden çıkan kimdi? Antonius! Caesar'ın tam arkasında. Şimdi de bu aşağılık Octavianus peyda olmuş, şirket logosunun tüm itibarını arkasına almıştı. Neyse ki bu konuda yapabileceği hiçbir şey yoktu. Bu küçük, sıska ahmak yirmi yaşına bile basmamıştı daha. Genel merkezdeki oyunculardan biriydi, gerekirse onu kullanır, kontrol altında tutardı, mümkün olursa da öldürürdü. Bekleyecekti. Zamanla her şey elbette yoluna girecekti.

Girdi de, bir süreliğine. Her zaman ciddi bir yönetici olan Octavianus işine baktı, pozisyonunu güçlendirdi, dostlar edindi, arada sırada tutuştukları sıkı kavgalar dışında Antonius'un yoluna gerçekten de hiç çıkmadı. Büyük Pompeius'un oğlu Sextus Sicilya'da sorun çıkarmaya başladığında Augustus'la birlik olup şirketi yeniden kâra geçiren Antonius'tu. Tıpkı suikasttan sonra yaptığı gibi. Tüm hünerini, düzenbazlığını ve hırsını kullanarak yaptığı planlar sayesinde halk olaya ilgisini kaybetmişti.

İşlerini nasıl yürüteceğini bilen, hem Roma hem de kendisi için istediğini elde etme amacıyla yalan söyleyip pozisyon almaya gönüllü olan bir tek Augustus değildi. Antonius da işini biliyordu.

Ama yeterince bilmiyordu. Akşam yemeğinden kahvaltıya kadarki vakti geçirmek için fıstıkların ve buz gibi biranın nerede olduğunu bilen dostu Curio'yla birlikte şehirde aylak aylak dolaştığı gençlik yıllarından beri arzularının kölesi olmuştu hep. Peki ya şimdi? Şey... Roma biraz sıkıcı bir yer değil miydi? Genel merkeze geri dönmeyi, başkalarının savaşlarını planlamayı ve geceleri eve, Fulvia'ya gitmeyi kim isterdi? Hem onunla neden evlenmişti ki?

Böylece Antonius, Roma'nın doğudaki düşmanlarıyla savaşmak üzere yola çıkarak ötekini boktan idari işleri yapması için ofiste bıraktı. Onlara günlerini gösterecekti! Masa başında oturup bir sürü parşömenle uğraşmaktan daha önemli işler vardı, değil mi ama? Lanet olasıca Partlar hâlâ direniyordu, onları ele geçirmek mümkün olmayacaktı! İnatçı hergeleler! Crassus'la bütün ordusuna çölde ölümcül bir tuzak kurmuşlar, yaşlı aptalın kibriyle ustaca oynamışlar, adamlarının etrafını sarıp hepsini birer birer oklarıyla zımbalamışlardı. Şimdi de aynı şeyin peşindeydiler; kendilerini savunacaklar, iyi adamları öldürecekler, casus yollayacaklar, yerel sermayeyi manipüle edecekler, oluk oluk kan dökerek Roma'yı Part ülkesinden Ermenistan'a süreceklerdi. Ermenistan'ın alçak kralı da az değildi, pis yılan destek sözü vermiş, sonra da tam zamanında balık avına çıkmıştı. Hayır, Asya'ya dikkat edilmesi gerekiyordu. Yolda olmanın eğlenceli olduğu zamanlar vardı. Ancak bu o yolculuklardan biri değildi.

Yine de fark etmezdi. Antonius savaşa hazırdı. Sezgilerinin, ikna yeteneğinin ve gücünün zirvesinde bir generaldi. Türüne çok az rastlanan bir hayvandı. Aynı zamanda iyi bir adam da olan bir patrondu. Kusurluydu elbette. En üst kurumsal seviyedekilere dalkavukluk yapan cinsten uzmanlara göre biraz fazla hassastı. Her zaman doğru kararlar alamıyordu. Ancak takım elbiselilerin arasında gerçek bir insandı.

Plutarkhos, "Tabiatında bir basitlik vardı..." diye yazmıştı,

>...ve algısında yavaşlık. Yine de hatalarını algıladığında şiddetli bir pişmanlık duyuyor, haksızlığa uğrayan adama hatasını tamamıyla kabul ettiğini bildiriyor, mağdur olanın zararını karşılarken de, hata yapana ceza verirken de cömert davranıyordu. Ama himmet dağıtırken sınırları ceza dağıtırkenkinden çok daha fazla aştığı düşünülüyordu. Neşesindeki ve şakalarındaki ölçüsüzlük kendi çaresini de beraberinde getiriyordu. Çünkü bir adam şakalarının ve küstahlığının bedelini ödeyebilir ve o da başkalarına gülmekten

memnun olduğu kadar kendisine gülünmesinden de memnun oluyordu. O zamanlar Antonius'un karakteri de böyleydi. Fakat sonradan Kleopatra'ya olan aşkı taçlandırılmış bir iblise dönüşüp canlanarak Antonius'un içinde gizlenen ve uykuda olan birçok çılgın tutkuyu harekete geçirdi, hâlâ var olmak için direnen iyi ve kurtarıcı olan niteliklerin canına okudu, hepsini yok etti.

Kleopatra'nın güzelliği dillere destan bir afet olup olmadığı belirsizliğini koruyor. Muhtemelen değildi. Büyük bir burnu olduğu söylenir. Yüzü, orantılarının mükemmelliğinden çok karakter özelliklerini ve zekâsını yansıtması bakımından dikkat çekerdi. Cinselliğin devlet işlerinde en az kılıç kadar önemli bir araç olduğunu keşfetmiş olan Kleopatra'nın bu duygusal dev Romalıyı etkisi altına alıp idare etmeye çalışırken onun karakterinin büyüsüne kapıldığı da çok açık. İkisi ta başından itibaren bazı güçlü ortak özelliklerle birleşmişlerdi:

- Müthiş birer manipülatördüler: İkisinin de cazibe, azim ve cinsel çekiciliğin birleşimiyle istediklerini elde ettikleri uzun birer geçmişleri vardı.

- Yiyecek ve şarap sevdalısıydılar: Ömürlerinin sonuna kadar ayakta kalan, lüks hayata adanmış bir cemaat kurmuşlardı. Cemaati dağıttıklarında ölüme adanmış yeni bir cemaat kurdular.

- Seksomanyaktılar (bunu başka türlü söylemenin yolu yok): Bazı önemli durumlarda sergiledikleri davranışlar başka türlü açıklanamayacak kadar çılgıncaydı; özellikle de son yıllarının iyi kısımlarını kalkık penisinin gösterdiği yöne giderek geçiren Antonius'unkiler.

- Güç gösterisine meraklıydılar: Erişkinlik dönemlerinin büyük bir bölümünde her ikisi de yaptıklarının sorumluluğuna sahip oldular. Kendi çöplüklerinde cesetlerin nereye gömüldüğünü biliyorlardı, çünkü çoğunu kendi elleriyle gömmüşlerdi.

- Pervasız budalalardı: Kafalarında oyunun planını yaptıklarında ikisine de ne yapacakları söylenemezdi.

Bu iki dev oyuncunun birbirlerine nasıl esir düştüklerini ve bunun Augustus'un uzun vadeli stratejisiyle nasıl birebir örtüştüğünü görmek hem üzücü hem de biraz komik. Gelmiş geçmiş birçok büyük kadın ve erkek gibi onlar da düşmanlarının ortak çabalarıyla yıkılmadılar. Bunların da payı oldu elbette, ancak onlar kendileri tarafından, kendilerinden başka bir şey olmayı beceremediklerinden yenildiler. Paranoyası onu Oval Ofis'e kayıt cihazı koymaya zorlamasaydı Nixon geri çekilir miydi? Sağın muhafızları ellerine oyuncak olarak verilen bu asistandan faydalanmasalardı önceki haliyle Antonius'u güçsüz düşürebilirler miydi?

İkisinin hikâyesi bize, birbirlerine odaklanmış iki mükemmel ustayı seyretme imkânı sağlar. Bir süre sonra kimin kime odaklandığını ayırt etmek gerçekten zordur.

Her şey neredeyse sıradan bir şekilde başladı. Yeni bir Part seferine çıkmaya hazırlanan Antonius, kısa bir süre önce kendi kılıcının kurbanı olan Cassius'la neden bu kadar sıkı fıkı olduğunu açıklaması için Cleo'yu çağırttı. Antonius'un gönderdiği ulak, Mısır kraliçesinin çok çekici bir kadın olduğunu fark ederek ona patronuyla nasıl başa çıkacağına dair öğütler verdi. Güzel giyin, dedi. Şık bir davet ver. Eskiden Julius Caesar'ı kafalamak için kullandığın araçları kullan. Tatlı dil yılanı deliğinden çıkarır.

Kleopatra da pupası altın yaldızlı, mor yelkenli, ipeklerle ve çeşit çeşit mücevherlerle süslenmiş bir saltanat kayığıyla yola çıktı. Kayığın içinde ellerindeki kocaman, ağır yaprakları sallayan köleler, güvertenin her yerini çiçeklerle bezeyen, denizkızı gibi giyinmiş çırılçıplak kadınlar vardı. Antonius da dilini yutmuş bir alık gibi bu görüntüyü penisinin elverdiği ölçüde bir dürüstlükle izleyerek, "Vay canına!" diye düşündü, "Ne biçim bir hatun bu?!"

Kıyıdakiler şok içinde ve korkuyla karışık bir saygıyla bakakaldılar. Venüs'le Dionysos'un Asya'nın hayrı için birleşeceklerine dair dedikodular yayıldı. O zaman da şimdi olduğu gibi insanlar ünlüleri birbirine yakıştırmaya bayılıyordu.

Antonius Kleopatra'yı akşam yemeğine davet etti. Kleopatra "Hayır," dedi, "sen bana gel." O da "Neden olmasın?" diye düşündü.

Kleopatra'nın kayığı binlerce ışıkla süslenmişti. Çok güzel görünüyordu. Yenebilecek miktardan çok daha fazla yiyecek vardı, bir sürü de şarap. Kadın akıllıydı. Adama karşı cesur davrandı, çünkü nazik bir kul değil de otoriter bir kraliçe olursa ondan daha çok saygı göreceğini biliyordu. Antonius'un etrafında yeterince kul vardı.

Ertesi gün adam onu davet etti, ama yapılan hazırlıkların sadeliği onu utandırdı. Hiç ışık yoktu. Yemekler iyiydi ama kadınınkilerin yanından bile geçemezdi. Konuştular. Kadının müthiş bir mevcudiyeti vardı. Aynı zamanda bir askere de benziyordu, tıpkı adam gibi. Peki ya o ses... Sesinde çok özel bir şey vardı. Bir yumuşaklık... Evet. Ama alttan alta biraz haşindi de. Kaç dil birden konuşuyordu? Etiyopyalılar, mağara adamları, Yahudiler, Araplar, Suriyeliler, Medler ya da Partlar, karşısına kim çıkarsa çıksın onlarla kendi dillerinde konuşuyordu. Çok zeki bir kadındı o halde. Antonius'tan daha zekiydi gerçekten, bu da onu azdırıyordu. Ve tecrübeliydi de. Hem de çok. Biraz kıskanmıştı onu bu yüzden, ama onda şehvet uyandıran bu karışık duygulara çeşni katıyordu. Ona kulak vermemek, dinledikten sonra da onu hayal etmemek, ondan etkilenmemek ve sonunda da ona âşık olmamak imkânsızdı. Onunla karşı karşıya gelen hemen her Romalı yöneticinin başına gelen de buydu.

Böylesine güçlü, erkek-egemen bir toplumda çekici, cüretkâr, zeki bir kadın yönetici, parfümünün kokusuyla kendilerinden geçmemek ve ciddi şeyler düşünmek için çabalayan minik titanlar üzerinde korkunç bir güç kazanabilirdi. Özellikle 1980'lerde bütçe toplantılarına katılırdım. İpek çorapla kaplı bacaklara atılacak gizli bir bakışın milyonlarca dolarlık harcamanın altına imza atmak için yeterli olduğu bu tür ortamlarda böyle kadınlara çok daha nadir rastlanırdı o zamanlar. Erkeklerin salyası akar, en temel bilgidir bu. Kurumsal erkeklerin salyası da herkesten kötü akar. Ne kadar çok devlet adamı gibi davranmaları beklenirse, uygun bir uyarıcı sağlandığında ağızları o kadar fena sulanır.

İlişkinin devam ettiği süre boyunca çok eğlendiler. Karısı Roma'da, üçkâğıtçı ve sabırlı Augustus'a karşı onun çıkarları için savaşırken Antonius'un aklı birkaç yıl boyunca başka yerlerdeydi. Cleo'yla birlikte bazen birkaç dostla, bazen on altı kadar arkadaşla yemekler yiyorlar, aşçılar yüz kişiye yetecek yemekler hazırlamak zorunda kalıyordu. Gelenler o kadar çok yiyip içtiği için değil, arka arkaya bir sürü öğün hazırlanması gerektiği için. Böylece istendiğinde her şey hemen hazır oluyordu. Gülüp eğlendiler. Harika zaman geçirdiler. Her yerde seviştiler ve dünyayı yöneteceğini düşündükleri iki çocukları oldu.

Ve hepsinden önemlisi, Kleopatra Antonius'u hiç yalnız bırakmadı. Onunla zar oyunu oynadı, fıçılarca içki içti, birlikte ava çıktılar, spor yaparken onu seyretti ve İskenderiye'deki kaba saba arkadaşlarıyla gece dışarı çıktığında o da erkek gibi giyinip onunla gitti. Ne kadın ama!

Antonius bir seferinde, o gün ofiste yapılacak fazla bir iş olmadığından balığa çıkmıştı ve muhtemelen, doğal olarak Cleo da onun yanındaydı. Fazla balık tutamıyordu ve bu onu rahatsız etti. Sevgilisine kendini gerçek bir erkek gibi göstermek istiyordu. Bu yüzden de birkaç köleyi suya dalıp oltasının ucuna balık koymaları için görevlendirdi. Aşağıda neler olup bittiğinin tamamen farkında olan sevgilisinin oh'ları ve ah'ları arasında balıkları oltayla çekti. Ertesi gün Kleopatra birkaç arkadaşını da yanında getirerek Doğu'nun hâkiminin bir deneme daha yapışını seyretmeye koyuldu. Bu kez kancaya takılacak olan balığı kendisi ayarlamıştı. Anında başarılı olunca heyecanlanan ve mutlu olan Antonius, Kleopatra'nın dalgıçlarının yerleştirdiği balığı çekti, bir tuzlu ringaydı bu. Herkes kahkahalara boğuldu. Erkeği bu laubali davranışından dolayı gücenmesin diye Kleopatra, "İmparator," dedi, "oltanızın kamışını Pharos ve Canopus'un balıkçılarına devredin. Sizin avınız şehirler, ülkeler ve kıtalardır." Gördünüz mü? *Do a little dance. Make a little love. Get down tonight.*[*]

Augustus'un Antonius'un kötü bir adam olduğunu düşündüğü söylenemez. Kendini toparlaması için ona gerçekten şans verdi. Mısır'ın konsül dostunun üzerinde yarattığı etkiden endişe eden Augustus onu Roma'ya geri çağırdı, aralarındaki tüm hesapların kapanmasını sağladı ve Antonius'un karısı Fulvia'nın –ikisi de onu pek sevmezdi– nasıl olduysa tam vaktinde ölmesi üzerine onun kendi kız kardeşi Octavia'yla evliliğini ayarladı. Kleopatra şirketin hükümdarının gözünü kör eden bir mücevherken Octavia'nın da hiçbir kusuru yoktu. Çok güzeldi, Roma'ya bağlıydı, kendisinden olmayanlar da dahil Antonius'un bütün çocuklarının üzerine titreyen bir anneydi, gerçek ve mükemmel bir eşti.

---

[*] Amerikalı müzik grubu KC and the Sunshine Band'in 1975'te yayınlanan "Get Down Tonight" adlı albümlerindeki aynı adlı şarkıdan: "Biraz dans edelim. Biraz sevişelim. Kendimizden geçelim."

Bu ilişkiden çok az kazançlı çıktı, gerçi Antonius'un Octavia'yı çok sevdiğini ve onu onaylamamasından korktuğunu görmek mümkündü. Kaderine doğru yalpalayarak yürürken o Akdeniz'in hangi tarafındaysa Octavia'nın öbür tarafta olmasını sağladı.

Bir sürü seferler ve savaşlar oldu ve Antonius şirketten kaçıp Mısır'a, tek gerçek aşkına koştuğunda Augustus'un canı kardeşinin gördüğü muameleden dolayı bayağı bir sıkılıyordu. Ancak koca aptal Roma'yı parsel parsel öteki ailesine vermeye başlayınca Augustus ona karşı hamle yapmak zorunda kaldı. CEO'nun işe geldiği her sabah Antonius'un koridorun öteki ucundaki boş ofisi gözüne daha çok batıyordu. İşlerin operasyon kısmında da o kadar iyi değildi zaten. Herif tam bir yük haline gelmişti.

İki tarafın güçleri Yunan kıyılarındaki Aktium'da karşı karşıya geldi. Bu bir deniz savaşıydı ama Antonius Augustus'unkilerden çok daha kalabalık olan kara birliklerine kumanda ediyordu. Neden mi? Çünkü Kleopatra öyle istemişti. Savaş meydanına kocaman ve olağanüstü güzellikteki gemileriyle giriş yapmanın ne kadar haşmetli, ne kadar muhteşem görüneceğine dair bir şeyler söylemişti. Aslında bu gemiler mürettebat bakımından büyük oranda boştu, çünkü sayıları çok fazlaydı, yine gösteriş için tabii. Böylece Antonius'un karada üslenmiş yüz bin askeri ve elli bin süvarisi öylece oturmuş sinek avlarken, Caesar'ın hızlı, çevik ve adamlarıyla dolu gemileriyle Antonius'un hantal, gösterişçi gemileri tüm deniz savaşlarının en büyüğünde kafa kafaya geldi.

Durum bir süre belirsizdi. Ama sonra yürek sızlatıcı ve çok şaşırtıcı bir şey oldu. Savaşın tam ortasında, sonuç her iki tarafın lehine olabilecekken, Kleopatra korktu, gemilerine işaret verdi ve muharebe meydanından uzaklaştı. Adamları yanı başında savaşıp ölürken ve çarpışmanın neticesi henüz belli olmamışken Antonius da küçük, hızlı bir gemiye atlayıp onun arkasından koştu. Paçayı kurtarmıştı.

Kleopatra'nın kaçan gemisini yakaladı ve güverteye çıktı. Ama Kleopatra'nın yanına gitmedi. Arka tarafta bir yer bulup oturdu, başını ellerinin arasına aldı, saatlerce ağladı, utanç duydu ve bu utançtan kurtulabilmek için elinden hiçbir şey gelmeyeceğini hissetti. Kendini pekâlâ öldürebilirdi ama öldürmedi, çünkü Kleopatra'yı hâlâ seviyordu ve o hayatta olduğu sürece yaşamak istiyordu. Tekrar bir sinir harbine girmedi. Bunun için çok geçti. Kleopatra'yla yüz yüze gelemezdi. İçi utanç ve öfkeyle doluydu, kafası karmakarışıktı. Bunu yapan kimdi? Kendisi, cesurların cesuru Antonius olabilir miydi bu? Hayır! Antonius değilse kimdi peki? İyice büzülerek kendi içine kapandı ve ağladı. Bu arada askerleri cesurca savaşmayı sürdürdüler. Onun kaçtığının farkına vardıklarında buna inanmayarak savaşa devam ettiler, sonra da öldüler, çünkü kaderleri buydu, bir işe yaramaktan çok gösteriş için yaratılmış ve eğitilmişlerdi.

Antonius güvertede günlerce içi boş bir kabuk gibi oturdu, hiçbir şey yemedi, içmedi. Ta ki onun ve Kleopatra'nın hizmetkârları birleşip yanına gelerek Kleopatra'yla ayrı olmalarındansa birlikte olmalarının onlar için daha iyi olacağı konusunda onu ikna edinceye kadar. Böylece yeniden birlikte oldular. Belki bir an için ikisine de doğru gelmiş olabilir bu, ama öyle olmadığını gayet iyi biliyorlardı.

Bu, Antonius'un sonu oldu. Hâlâ emrinde dünyanın en büyük ordusu olsa da buna pek önem vermiyordu. Adamsız kalmıştı. Yöneticilik gücü insanın kendi içindeki bireye duyduğu inançtan gelir. Zavallı, üzgün herifin kaybettiği de buydu işte.

Bir müddet tek başına dünyayı dolaştı, yanında bazen bir-iki Yunan filozof oluyordu; böyle bir şeyin üstünüzde nasıl bir etki yapacağını tahmin edebilirsiniz. Her şeyini kaybetti, buna rüyalarının şahane kadınına âşık olmanın getirdiği gündelik neşe de dahildi. Artık tam bir zehirdi onun için. Mısır'a geri döndü, Kleopatra'yı gemilerini karadan ülke boyunca yürütüp Kızıldeniz'e indirmeye çalışırken buldu. Augustus geldiğinde ondan korunmak için. Antonius bir süre ona yardım etti, birlikte takıldılar ve ölümden, nasıl ve ne zaman öleceklerinden bahsettiler.

Caesar'ın gelmesi uzun sürmedi. Her zamanki mükemmel yönetici olarak bu kez de şirketin yeniden organizasyonu için bu son aşamayı tamamlama fırsatını gördü ve değerlendirdi.

Caesar'ın ve kaderlerinin gelmesini beklerken, bir gün Antonius'un kulağına bir söylenti çalındı: Kleopatra zehir içmiş ve ölmüştü. Ölmüş! Ne kadar güzel bir fikir, diye düşündü. İçi bir kez daha dramatik bir eylemde birinciliği kaçırmanın utanç ve kederiyle doldu. Kılıcını aldı ve kendine sapladı. Savaşmak, esir düşmek ya da tek gerçek aşkının olmadığı bir dünyada yaşamaktansa...

Fakat Kleopatra ölmemişti ve Antonius bunu öğrendiğinde bağırsaklarını toplamak için çok geç kalmıştı. Yüzlerce, belki de binlerce kişi üzerinde uyguladığının tersine kendini öldürürken berbat bir iş çıkarmıştı. Yani hemen ölmemişti. İç organları avuçlarından taşarken, kıyafetleri kan revan içinde, Kleopatra'nın saklandığı gizli mezarlığa bir bebek gibi sürünerek gitti ve kadının kollarına bıraktı kendini.

Kleopatra onu kendi bedeniyle sardı, hıçkırıklara boğuldu, kederden aklını kaçırdı ve göğsünü öyle vahşice tırmaladı ki intiharından önceki günlerde bu yaralardan dolayı öleceğinden korktu herkes.

Antonius'un cansız bedenini kutsal yağlarla yağladı ve büyük bir özenle ateşe verdi. Caesar geldiğinde Kleopatra'ya kendisiyle birlikte Roma'ya gelirse ona saygı göstereceğine ve iyi davranacağına söz verdi. Kleopatra ağırbaşlı ve dostane davrandı, ondan sadece sevgilisinin cenaze töreninde bulunmasına izin vermesini istedi. Ama yalan söylüyordu.

Bir esir olarak Roma'ya gitmeye hiç niyeti yoktu. Uzmanlık alanı olduğu için ölmenin en kolay yolunun ne olduğuna dair kapsamlı bir araştırma yapmış ve engerek yılanı ısırığının nispeten acısız olduğunu öğrenmişti. Isırığın ardından gelen ölüm süratliydi ve unutkanlık nehrine yavaş yavaş dalmak gibi bir his veriyordu. Bir gün ona bir sepet dolusu incir getirdiler. Sepetin içi dikkatlice aranmıştı muhtemelen, tıpkı bugün güvenlikçilerin insanlara zarar verebilecek bir şey var mı diye çantalarımıza baktığı gibi. Bugün çantalarımızı daha iyi aradıklarını umalım, çünkü incirlerin arasında bir engerek yılanı vardı ve bu Kleopatra'nın sonu oldu.

Augustus Kleopatra'nın ölüm haberini duyunca ağladı ve onun Antonius'la birlikte İskenderiye'de gömülmesi gerektiğine karar verdi. Büyük bir cenaze töreniyle. O günlerde bu çok şey ifade ediyordu, çünkü hem Roma'nın hem de Mısır'ın kurumsal kültüründe bir insanın gömülme şekli öbür dünyadaki statüsünü belirliyordu.

Sonra da Augustus tüm o bildiğimiz işleri yapmaya koyuldu. Gözyuvarlarını yerinden çıkarma gibi en küçük işleri yaptıktan sonra kendi gerçek kimliğine büründü ve sadece insani yeteneklerini değil, idarecilik yeteneklerini de geliştiren bir liderde mükemmelliğin mümkün olduğunu gösteren canlı bir kanıt haline geldi.

Onun da kendi yükleri vardı. Örneğin karısı Livia bir seri katildi, oğlu Tiberius'un tahta çıkmasını engelleyen münasebetsiz aile üyelerine odaklanmıştı. Artık gerçekten de bir taht söz konusuydu çünkü.

Şu Augustus da ne liderdi ama! Liderliğin sadece bazı şanslı, savaşçı uluslara ya da sınıflara kısa vadede servet kazandıran bir şey değil, tüm vatandaşlar için uzun vadede değerler inşa eden yaratıcı bir girişim olduğuna inanıyorsanız belki de en iyi lider oydu. Şirketi tüm düşmanlarından kurtardı, dost canlısı olanlarından bile. İşi mükemmel bir hale getirdi. Doğru yönetilirse sonsuza kadar barış ve uyum içinde yaşayabilecek, dünya çapında bir kurumsal imparatorluk kurdu.

Ancak kendisinin yapmadığı tek şey bu oldu. Çok güçlü yöneticilerin genellikle ulaşması mümkün olmayan tek yönetim başarısı, kendilerinden sonra gelecek uygun kişiyi seçmektir. Livia'nın mızmız, sapık, ahlaksız çocuğu Tiberius'taydı sıra. Ondan sonra gelecek olan daha da beterdi. Sonrakiler de... Öyle ki, bu büyük kurumsal varlığın kendi üst düzey yönetimine rağmen bu kadar uzun süre nasıl hayatta kaldığı sorusunu sormak zorunda kalıyoruz.

ONUNCU BÖLÜM
Şirket Ruhu İflas Ediyor

E vet, işte bu kadar. Buradan itibaren her onurlu işletmenin gurur du-
yacağı bir beş yüz yıl geçti, ama hemen her şey aynıydı: Geçmişteki
başarılar üzerine kurulmuş, psikopatlar ve kuşbeyinlilerle dolu olma-
yan gelişigüzel bir üst düzey yönetim ekibi ve bir sürü sürpriz yerde
bizlere bırakılan çok hoş sanat eserleriyle mükemmel kemerler. Bunlar,
Augustus'un dönemine damgasını vuran, edebi ve mimari deha ürünü
o muhteşem birikimin yanında hiçbir şey değildi gerçi. Ne kadar iyi
durumda olurlarsa olsunlar eski günlerdeki büyük adamların başlattığı
melodiyi mırıldanmaktan öteye geçemiyorlardı. Haddinden fazla alım
yaptılar, şirketi fazlasıyla riske maruz bıraktılar, çok çalıştılar.

Kötü olanlar —bunlarla ilgili aralarında kozmik şakalar yapıyorlardı—
imparatorluğu kendi şahsi oyuncakları olarak kullandılar, aptalca bir
çabayla onu aşırı genişlettiler, olduğu gibi bırakmaları gereken yerleri
yağmalayarak yakıp yıktılar, koyunların ırzına geçtiler, tüm sıkı iliş-
kileri mahvettiler. Genel olarak bakıldığında her şeyi o kadar ellerine
yüzlerine bulaştırdılar ki Roma AŞ'nin düzeltilerek kurulduğu zamanki
haline geri dönmesi mümkün olmadı. Genel merkezini dünyanın öbür
ucuna taşımak zorunda kaldılar ve altyapısını tamamen değiştirerek
seküler bir yapıdan dini bir yapıya geçtiler.

Genellikle bu ara dönemin Caesarları komikti ya da onlar yüzünden
olanlar ve onların başına gelenler Poe ya da Terry Southern'ın kalemin-
den dökülen alaycı sözleri çağrıştırıyor.

İyiler, kötüler ve sürüsüne bereket çirkinler... Bunlar bize yönetim,
liderlik, gücün yaratılması ve yok edilmesi ve kurumsal hayatın stratejik
gerçekleri hakkında ne öğretebilirler? Tiberius gibi depresif ve sadist
insanlardan çok kötü üst düzey yöneticiler çıkacağını mı? Neron gibi

yönetmeniz gereken yeri ateşe verirseniz, kendinize göre çok sağlam sebepleriniz olsa bile, insanların bunu size karşı kullanacaklarını mı? CEO olmak, övüldüğü kadar da iyi bir şey değildir genellikle. Dennis Kozlowski, Kenneth Lay, Lou Gerstner, Al Dunlap, George Westinghouse, Jack Welch, Steve Case, Dick Grasso, Michael Eisner, Jerry Levin, Bill Clinton, Al Capone ya da hayatta olup da söyleşi yapmaya uygun olan başka birçok insan size bunu memnuniyetle anlatacaktır. Augustus'tan sonra bu, iş güvenliği berbat ve bedeli ağır bir emeklilik paketiyle kesinlikle yüksek risk içeren bir pozisyondu.

Gelin birlikte kayıtlara bakalım. Antonius bir süreliğine ipleri elinde tutan adamlardan biri olarak sayılmalı, çünkü Martha Stewart çıktığı küçük tatilde hapisten işleri nasıl yönettiyse o da aynısını yaptı. Antonius'un başına gelenleri biliyoruz. Tiberius, onun gönlünü hoş tutmak için gülüp oynayan çıplak gençlerin ziyafetler sırasında hizmet etmelerini isteyen sefil bir herifti. Bu yanlış bir şey olduğu için değil. Başka bir sürü iğrençlikler de yaptı. Bu çoğunlukla aşırı hırçın mizaçlı olmasından kaynaklanıyordu. Augustus ve Livia onu sevdiği kadından, çocuklarının annesinden ayrılıp Caesar'ın aile değerleri kavramının kurbanı olarak bir fahişeye dönüşmüş olan kızı, tüyler ürpertici Julia'yla evlenmeye zorlayınca bu hırçınlığı deliliğe dönüştü. Tiberius Roma'dan, insanlıktan ve annesiyle karısından nefret ediyordu. Onun hakkında söylenebilecek en iyi şey, Caesar olmaktan da nefret ettiğiydi. Bir noktadan sonra şirket genel merkezini terk etti ve hiç geri dönmedi, Malibu'da takılmayı tercih etti. Ona kim engel olabilirdi ki? Caesar'dı o!

Hükümdarlığının sonlarına doğru yaşlı askere saygı göstermeyi bilen genç bir dost katıldı. O geldikten sonra hayat biraz şenlendi, ancak ihtiyar birdenbire kendini kötü hissetmeye başladı. Bir süre sonra da öldü.

Bu genç adam Caligula'ydı, yani Gaius Caesar Germanicus. Ordunun içindeki en gözde askerleri toplamaya başladı. Hepsi de Caligula'nın babası Germanicus'u çok seviyordu. Size bu adamdan daha çok bahsetmiş olmam gerekirdi. Müthiş popüler subaylardan biri olan Germanicus sahada çok başarılıydı. Biraz erken öldüğü için *People* dergisine kapak olmak ve onu okuyanların sevgisini kazanmak

dışında eline pek fazla bir şey geçmedi. Caligula bir süreliğine tuhaf
ve haber değeri taşıyan biriydi, olgunluk çağında Ted Turner'ın olduğu
gibi. Sonra tamamen kafayı yedi, kız kardeşleriyle sürekli cinsel ilişkiye
girdi, gözünün gördüğü her şeyin ırzına geçti, bir sürü insan öldürdü,
ama tabii bunlar gayet olağan şeylerdi. Çatlağın tekiydi işte. Ancak atını
devlet memurluğuna getirip en kutsal tapınaklara kendi heykellerini
yerleştirmeye başlayınca, bu yaptıklarına karşılık muhtemelen Roma'nın
korunmasını kendi görevleri olarak gören Praetoria Muhafız Alayı'nın
subayları tarafından öldürüldü.

PBS'te yayınlanan dizide çok sevimli görünen Claudius, oğlu Neron
onun yerine geçebilsin diye karısı Agrippina tarafından öldürüldü. Hoş
bir şey değil tabii. İşin iyi tarafı, Claudius Britanya'nın alınmasından
ve sonradan Londra olan Londinium'un kurulmasından sorumluydu
– ama o ayrı hikâye.

Sonra Neron geldi, efsanevi Neron... Mick Jagger'la Idi Amin
Dada'nın karışımı gibiydi biraz. Bir başka su katılmamış psikopat
daha. Suetonius'un kitabında keyifle okuyabileceğiniz bir dizi eğlenceli
tahribattan sonra Roma Senatosu tarafından intihara zorlandı. Annesini
öldürmüştü. Yetmez mi?

Sonra da Galba'yla tanıştık. Bu işte yedi ay çalıştıktan sonra suikasta
kurban gitti. Son papalarımızdan birinin de başına aynı şeyin geldiğini
duymuştum. Bu doğru olsa bile talihsiz Galba'nın yerine geçen Otho
daha da beterini yaptı. Caesar koltuğunda doksan gün oturduktan
sonra intihar etti ya da iş oraya getirildi. Başka türlü de düşünülebilir.
Caesar olduğunuzda kendinizi öldürebilmeniz için işlerin gerçekten de
çok kötü gitmesi gerekir. Bence bu kararı vermesine birileri bir şekilde
yardım etti. Bir sonraki şanslı ördek Vitellius da öldürüldü.

Çok iyi bir işletmeci ve yakışıklı bir adam olan Vespasianus işleri
iyi idare etti ve yerine Titus geçti. O da herkesin gözünde itibarlı
bir CEO'ydu, başkentleri Kudüs'ün MS 70'te yıkılıp yağmalanışını
unutmayan Yahudiler hariç. Londinium gibi çok uzak yerlere gönde-
rilmeleri diasporanın başlangıcı oldu. Burada Yahudi gibi düşünüp
Britanyalı gibi giyinmeye başladılar, ki bu da daha sonra Amerika'da
onlara faydalı oldu.

Daha sonra, benim için –diyelim ki– Jeff Immelt kadar ilgi çekici olan başkaları geldi. Onlar öldürülmedi. İyi idare ettiler. Zaferle sonuçlanan fetihler ve yeni ülkelerin alınması hakkında daha çok hikâye okumaya meraklıysanız bu konuda yazılmış tonlarca kitabı en yakın kitapçıda bulabilirsiniz. Evet, süregiden bir saltanat bolluğu vardı kuşkusuz, başkan Geek gittikten sonra Microsoft'ta da böyle olacağından eminim. Ama işletme öğrencileri için aynı şey değil işte.

Yıllar geçtikçe inşa eden, olanı mükemmelleştiren ve tüm o müthiş işleri yapan (o arada sizi de halletmemişlerse tabii) Traianuslar ve Marcus Aureliuslar kadar imparatorluğu neredeyse yıkılma noktasına getiren bir sürü kaçık şahsiyet de oldu. Katiller. *Drag queen*ler. Hiçbir işe yaramayan, sümüklü kaypaklar. Yaklaşık son otuz Caesar'ın hayatını okuyunca tek bir uygun soru gelir akla: Kim?

Doğru. Ordu, Senato ve bir sürü başka çıkar grubu, Roma AŞ denen dev yaratığın can çekişip sonunda öldüğü o günlerde CEO'luk pozisyonunun itibarını iki paralık ettiler. Ancak yarım binyıl boyunca gitgide daha karmaşık bir hale gelen Roma liderliğine bakınca şunu görürüz: Çözmemiz gereken asıl sorun İsa'nın Yahudilerin ülkesinde ortaya çıkışından yaklaşık beş yüz yıl sonra şirketin nasıl çöktüğü değil, bu süre boyunca onu bir arada tutan şeyin ne olduğudur. Üst düzey yönetim olmadığı kesin!

Bugün geçimini sağlamak için çalışan herkese göre cevap basittir. Gerçekten oturup düşünürseniz siz de bulursunuz. Denkleme eklenen birkaç unsur vardır ama hepsi dönüp dolaşıp aynı kapıya çıkar:

Romalı olmak iyi bir şeydi.

Peki şirket tam kapasiteyle çalışırken orta seviyede bir yönetici olmak? Sadece iyi değil, dünyanın en iyi işiydi. İyi bir kazanca ve kurumsal haklara sahip olan hiçbir çalışan şirketin batmasını istemez. Gezegenin en büyük şehrinde bir oyuncusunuz, en iyi şirkette çalışıyorsunuz, şişkin bir gider hesabınız ve dünyanın en gelişmiş teknolojisine ulaşma imkânınız var. Etrafınız Yahudilerle, Yunanlarla, İspanyollarla ve Keltlerle çevrili. Hepsi de sürekli başarı peşinde koşarak harıl harıl çalışıyor. Şimdilerin en iyi restoranına yemek yemeye giden hiçbir Time Warner çalışanı, meydandaki en havalı lokantada, ana sütunun yanında kendisine ayrılan çok iyi bir divanda yiyeceği bir akşam yemeğine giden Romalı başkanın yarısı kadar bile iyi hissetmemiştir kendini. Madison Bulvarı'ndaki Sony binasının özel restoranında kahvaltılı bir toplantı düzenleyen hiçbir yatırım bankacısı, artık tümüyle kendine ait olan bir Yunan adasında sabahleyin gözlerini açan Romalı bir komutan kadar kendinden memnun olmamıştır.

Dünya bir aile şirketinin markası altında birleşmiş gibiydi. Herhangi bir yere gidip ticari, finansal ya da askeri gündeminizi takip edebilir, gittiğiniz yerlerden dostlarınızı ve ticari ortaklarınızı seçebilirdiniz. Bu yüzden Roma o dönemde mevcut olan tüm kültürlerin, en azından şirketle barış halinde olanların içinde eritildiği bir pota gibiydi. Para, mallar ve fikirler şirket kültürünün içine akıyor ve oradan dışarıya yayılıyor; bu, şirketin kendisini de zenginleştiriyor, güçlendiriyor ve sonunda o kadar karmaşık hale getiriyordu ki yeni ve birleştirici bir temelin kurulması gerekiyordu.

Şirketi ayakta tutan orta düzey yöneticilerdi. Yukarıdakiler etrafta çırılçıplak gezip keçilerin peşinden koşuyorsa ya da eğlence niyetine Hıristiyanların karınlarını deşiyorsa ya da kılıçlarının tek bir darbesiyle beş tane masum suaygırını öldürüyorsa kimin umurundaydı? Koca adamlar canları ne isterse yapabilirdi! Şirket gelir, barınma, iş imkânı ve dünyanın en yüksek yaşam kalitesini üretmeye devam ettiği müddetçe ne fark ederdi ki? Bu özel gösteriyi yürüten adamlardan biri olmak uzunca bir süredir en iyi seçenekti. Yine de yakılmak, delik deşik edilmek (ya da bir uçurumdan aşağı atılmak), başkentten kapı dışarı edilerek doğru dürüst kahvenin olmadığı, dünyanın ücra bir köşesine gönderilmek gibi bu işin tabiatında olan tehlikeler de mevcuttu. Patronların canı cehenneme. Ama tanrılar Roma'yı korusun!

Hayat güzeldi, bugüne kadar varolan tüm uygarlıklarda olduğu kadar güzel. Buna Yunanistan da dahildi. Orada da gösterişli ama pek de konforlu olmayan bir hayat vardı. Burada yiyecekler de daha iyiydi. Kuzu yemekten insana bıkkınlık gelebilirdi.

Daha da önemlisi, Cumhuriyet'in son yıllarından itibaren birdenbire etrafta zengin olarak tanımlanması gereken bir sürü insan dolaşmaya başladı. Sadece aristokrasinin kanını emen seçilmiş azınlık değil, diğerleri de vardı. Zenginlik de çok güzel bir hayata geçiş imkânı sundu, artık hayat eski günlerdeki gibi basit ve yalın değil, çok daha hoş ve eğlenceliydi.

Fakir olan bir sürü insan da vardı tabii. Onların hali utanç vericiydi. Şehrin yıkık dökük taraflarına sıkıştırılmış sefil gecekondularda yaşıyorlardı. Tesisat altyapısı pek burna hitap etmiyordu ve her an her yerde yangın çıkma tehlikesi vardı. Bu yoksulların her zaman bir araya gelip başa bela olma ihtimalleri de vardı. Bu yüzden Cumhuriyet'in son dönemlerinden itibaren şirket halka bedava tahıl dağıtmayı uygun görmüştü. Tahılı tedarik eden –Mısır gibi– uzak memleketleri almanın ve elde tutmanın zorunlu hale gelmesine de bu durum sebep olmuştu. Tıpkı bugün belli başlı stratejik planlamacılarımıza bizim imparatorluğumuzun fosil yakıtlara sürekli erişiminin sağlanmasının akıllıca görünmesi gibi. Buralara ulaşmak için savaşa girmek gerekse bile.

Şirket erzak fişi dağıtmanın dışında, isyan etme potansiyeli olan genç adamları oyalamak için bazı uzun süreli çatışmalar da yaratıyordu. Ayrıca halkı sürekli bir eğlence havasında tutmak için şenliklerden ve oyunlardan oluşan yoğun bir program sunuyordu. Biraz paranız varsa Roma'dan daha iyi bir yer yoktu aslında. Sokaklarda satın alabileceğiniz yepyeni kumaşlar, enfes kokularıyla burnunuza bayram ettirecek parfümler, imparatorluğun dört bir yanından gelen mücevherler, egzotik yerlerden yiyecekler, Yunanca, hatta gitgide daha çok Latince yazılmış metinler... Ne şehir ama!

Yaşamak için paraya ihtiyacınız vardı tabii. Emlak fiyatları, özellikle de Palatino Tepesi'nin yamacındakiler, çılgınca boyutlara ulaşmış ve orada kalmıştı. O zaman da şimdi olduğu gibi nerede yaşadığınız önemliydi. Cicero'nun Crassus'tan satın aldığına benzer şehir villalarının fiyatı iki yüz bin sesterce civarındaydı. İnanabiliyor musunuz? Bu dünya nereye doğru gidiyordu böyle? Ancak şehir içindeki bu konaklar, şirketin büyük oyuncuları tarafından alınan şehirdışı malikânelerin yanında sönük kalıyordu. Buralarda hava biraz daha tatlı, okullar daha iyiydi ve komşularınızla aranıza biraz mesafe koyabiliyordunuz.

İşe gidip gelen bir Romalı bu yolculuğu göze alıyordu, tıpkı bugün Pound Ridge ya da Glencoe'da yaşasak bizim yapacağımız gibi. Bu mesafe at üstünde ya da at arabasının içinde katediliyordu, yolda biraz kitap okumak isteyip istemediğinize bağlıydı bu galiba. Araç (ya da hayvan) bu amaç için ayrılmış yerlere park ediliyordu. Çok zengin olanlar yolun geri kalanında kendilerini taşıması için bir tahtırevan tutuyordu, şimdiki yöneticilerin üç-dört bina öteye gitmek için limuzine binmeleri gibi, özellikle de hava sıcaksa ve arabanın içi serinse. Diğerleri yürürdü. Günün sonunda aracınıza binip evinize yollanırdınız.

Hafta sonlarında ya da büyük şehirdeki politik hayatın içinde bıçaklanmaktan, doğranmaktan ve zehirlenmekten kaçmak istediğinizde Adriyatik boyunca, Yunan adalarında ya da Amalfi kıyılarında güzel yerler vardı. Aynı bugünkü gibi, ancak o zaman uyduların imkân verdiği eğlencelerden mahrumdunuz. Bir Romalı olarak gittiğiniz her yerde hoş karşılanıyordunuz. American Express kartından daha iyiydi. Toga giyen hiç kimse geri çevrilmezdi.

Hayat vur patlasın çal oynasın'dan ibaret değildi tabii. Roma AŞ'nin ortalama bir orta düzey yöneticisi, çarkın dönmesi için çok çalışan bir dişliydi. Sabah güneşin doğuşuyla kalkar, hafif bir kahvaltı yapar, belki şaraba batırılmış bir parça ekmek yer ya da son aşamaya gelmiş bir alkolik değilse kahvaltısını bal, biraz peynir ve meyveyle ederdi. O gittikten sonra karısı evde kalır, yün eğirme ve diğer ev işleriyle ilgilenirdi, çünkü iş hayatı, görünüşte, erkeklere aitti. Aslında o kadar çok gürbüz, kıllı herif hayatının baharında ölüyordu ki –savaşta, bir sokak arasında kötü adamlar tarafından hançerlenerek, sarhoş bir serseri tarafından uçurumdan itilerek, aklınıza ne gelirse– medeni hayatın getirdiği birçok önemli görev kadınlara kalıyordu. Ama onlar bir yandan klasik İtalyan tarzında her şeyi yönetirken, erkeklere böyle bir şeyden asla bahsetmiyorlardı. Bu yüzden de bugün her şeyi erkeklerin idare ettiğine dair bir sürü şey duyuyoruz. Genellikle, hayatta oldukları müddetçe idare ediyorlardı tabii.

Çalışkan Roma vatandaşları gündüz çalışıyorlar, bizimkiler gibi onların da görevleri yaptıkları işe ya da sistem içindeki pozisyonlarına göre değişiyordu. Ostia limanına gelen malları kontrol eden kayıt memurları, bu malları gemilerden limana çekenler, toptancılarla perakendeciler arasındaki payların pazarlığını yapanlar vardı. İnşaat işinde çalışan adamlar da vardı tabii. Ne de olsa şehir kendini sürekli yeniden inşa ediyor, eski yapılar onarılıyor, işe yaramayanlar yıkılıyor, yeniden cilalanıyordu. Taş ustaları, tasarımcılar, mühendisler, kazıcılar ve işçilere içecek ve et temin edenler vardı. Piyasalar her türlü mal ve hizmetle dolup taşıyor, barlar arzu ettiğiniz her türlü içkinin, çoğunlukla da şarabın etrafa saçıldığı âlemlerle ticaret hayatını canlandırıyordu. Halkın içkisi şaraptı. Tiberius tüm diğer yüce erdemlerinin yanı sıra şarabı da o kadar çok seviyordu ki halk ona bir isim takmıştı. Ona Tiberius Claudius Nero yerine, "içine hiç su katmadan sıcak şarap içen adam" anlamında Biberius Caldius Mero diyorlardı. Gülmeniz bitince bana haber verin.

Sonra *prandium* dedikleri öğle yemeği geliyordu. Bu nispeten hafif bir öğündü (Sezar salatası?), bir önceki günün saçma, iğrenç, tıka basa doyana kadar yenen ve insanda kolunu kaldıracak güç bırakmayan akşam yemeğinden kalanları da içerebiliyordu.

Sonra da tekrar bir süre daha çalışmak üzere işe dönülüyordu.

Soylular sınıfının üyesiyseniz şu üç meslekten birini yapabilirdiniz sadece: ordu, siyaset ve hukuk. Buradaki amaç, bu alanlara bir sürü yetenekli insanın yerleştirilmesiydi. Muhtemelen bunların içinde en az ilgi gören üçüncüsüydü, sizce de öyle değil midir? Orduyla siyaset arasında mükemmel bir geçiş vardı, birinde yüksek bir kariyer yapmak diğerinde başarılı olmayı garantiliyordu.

Hiçbir işten zevk almayan asilzadeler kendilerini çalışan bir soyluya bağlayıp daha sonra onların patronu olurdu. Onların "iş"i sabahları o günün parasını ya da yiyeceğini vermek için beklemek, günün geri kalanında da hiçbir şey yapmadan vakit geçirmek ya da banyo yapmaktı. Banyo bu tipler için çok büyük bir olaydı. Bunlar kayıtlı tarihe geçen ilk aylaklardı, ama kesinlikle sonuncu olmayacaklardı.

Sosyetik sınıfın tersine çalışan insanların çocuklarının önünde bir sürü meslek seçeneği vardı, siyaset bile buna dahildi, Marius gibi kendi kendini yaratan adamların kariyerlerinde gördüğümüz gibi. Pek çoğu ne olursa olsun aile şirketine giriyor ya da orduya katılıyordu, ki bu da kişisel yeteneklere ve liyakate dayalı bir sistemdi. Sıradan insanlar tarafından seçilen, hatta özgür kalmış kölelerin bile tercih ettiği, tıptan mimarlığa kadar diğer birçok meslek de vardı.

İnsanlar çalışıyordu. Çoğu zaman halk şölenlerinden oluşan eğlencelerle vakit geçiriyorlardı. Ortalama bir NBA hayranına Dünya Kupası'nda alınan berabere sonuca çılgınlar gibi sevinmek nasıl anlaşılmaz geliyorsa, bugün bizim bu eğlenceleri anlamamız da o kadar imkânsız. Tanrılarına dua ediyorlardı. Yerel insan kaynakları departmanlarına güveniyorlar, o yoksa ve başka hiçbir çareleri kalmadıysa devlete bel bağlıyorlardı. Kulağa hiç yabancı gelmiyor, değil mi?

Eski güneş saatine göre akşamüzeri 4'ten sonra çalışan Romalılar, erkekler ve kadınlar, rahatlamak ve dünyanın gidişatı, manyak patronları ve o gün olup bitenler hakkında çene çalmak için bir yerlere gidiyorlardı. Bir sürü taverna ve bar vardı, ama onlar için hamama gitmek iş çıkışında içki içmekle eşdeğerdi. Neyse ki bu yüzyılda martinisini espritüel iş arkadaşlarıyla birlikte çırılçıplak içmekten hoşlanan bir kurumsal çalışana rastlamak zor, Tanrıya şükürler olsun.

Güneş batınca akşam yemeği başlardı ve ne kadar zengin olduğunuza bağlı olarak ay gökyüzünde iyice yükselinceye kadar ve ağzınıza tek bir lokma dahi koyamayacak duruma gelinceye dek sürebilirdi.

Günün en önemli sosyal olayı olan akşam yemeğinde oturulmaz, yastıklara uzanılır, sunulan tepsilerden yiyecekler rastgele alınırdı. Bugün varolan yemek yeme aletleri o zaman kimsenin aklına bile gelmezdi. Genellikle üç ana yemek olurdu, başlangıç olarak ortalama bir şirket kokteylini solda sıfır bırakacak türde aperatifler – farklı şekillerde yumurtalar, salatalar, soslu sebzeler, belki biraz salyangoz ya da çok şanslıysanız, o zamanların en sevilen lezzetlerinden olan kızarmış, doldurulmuş yediuyurlar (kemirgenler hakkında bilgi sahibi olmayanlara açıklayalım: Bu bir tür fındık faresidir). Mmm nefis, değil mi? Kesinlikle.

Ana yemek tabii ki etti. Ardından daha çok et gelir, onu da farklı et çeşitleri takip ederdi. Bazen balık olurdu ama bunun tek sebebi balığın da bir tür et sayılmasıydı. Etini yedikleri hayvanlar arasında dana, sığır, yaban domuzu, yavru domuz, geyik, tavşan, yaban keçisi, liman yunusu, uskumru, kefal, istiridye, tavuk, ördek, kaz, keklik, ardıç kuşu, güvercin, hatta birini gerçekten etkilemek isteyenler için flamingo ve devekuşu bile vardı. Devekuşları Kolezyum'dan temin edilebiliyordu, burada devekuşlarını küçük kafalarından özel oklarla vurup öldürmek eğlenceli bir faaliyet olarak değerlendiriliyordu.

Doymuş olanlar tatlı olarak güzel bir dilim pastayı ya da biraz pudingi –diyet yapanlar için kiraz ve hurma da olabilir– mideye indirmekten hoşlanırlardı.

Atalarımızın, Peter Luger'a her gece gelen, karnı aç bir satıcı güruhu gibi keyiflerine baktıklarını düşünmek güzel, özellikle de viskileri olmadığı, biradan uzak durdukları (ne kadar barbarca) ve ziyafet yemeklerini şeker, patates, domates ya da kahve ve çaydan faydalanmadan hazırlamak zorunda kaldıkları için. MÖ 2. yüzyıla kadar ekmekleri bile yoktu, ondan önce ezilmiş mısır lapasına benzer bir şey yiyorlardı. Şirket iyi durumda olduğu müddetçe insanların her yerde iyi vakit geçirebileceğini göstermek için anlattım bunları size.

Yaklaşık MS 100'de, Traianus'un döneminde ya da ondan biraz daha önce, yıllarca süren kaçık Caesarlar devrinin ardından işler gayet iyi giderken, Suetonius'un bir arkadaşı ve görmüş geçirmiş bir adam olan Genç Plinius, bir vesileyle oldukça yaşlı bir Romalı beyefendiyi ziyarete gitti. Adam bir toplumun yetiştirebileceği en iyi bireyi temsil edebilecek yaşa gelmişti. Plinius döndüğünde duygulanmış ve etkilenmişti:

> Spurinna'nın evine geçenlerde yaptığım ziyareti düşününce daha önce hiç bu kadar iyi vakit geçirmemiş olduğumu söyleyebilirim. Gerçekten de o kadar büyük bir keyif aldım ki – eğer kaderimde yaşlanmak varsa yaşlılığımda örnek almayı tercih edeceğim başka kimse yok, çünkü bu yaşlar hayatın en muntazam evresi.
> Sabah uyanınca bir saat yataktan çıkmıyor, sonra ayakkabılarını giyip beş kilometre yürüyor, zihni kadar bedenini de çalıştırıyor. Yanında dostları varsa vakit en asil konular üzerine yapılan sohbetlerle geçiyor... İnsan nasıl da eskilere gidiyor! Soylu işleri ve soylu insanları ne de güzel anlatıyor! Alınan dersleri ne kadar da büyük bir zevkle dinliyorsunuz!
> On bir kilometre at sürdükten sonra bir buçuk kilometre daha yürüyor, sonra tekrar koltuğuna dönüyor ya da odasının yolunu tutup eline kalemini alıyor. Çünkü hem Latince hem de Yunanca bilgece şiirler yaratıyor. Hepsinde müthiş bir asalet, müthiş bir hoşluk ve mizah var, yazarın saflığı çekiciliklerini artırıyor. Kendisine banyo saatinin geldiği haber verildiğinde –ki bu kışın dokuzuncu,

yazın da sekizinci saattir– dışarıda rüzgâr yoksa güneşin altında çıplak yürüyüşe çıkıyor. Sonra top oynuyor, büyük bir iştahla kendini oyuna kaptırıyor. Çünkü bu tür hareketli faaliyetler sayesinde yaşına meydan okuyor. Banyosunu yaptıktan sonra yatıyor. Yemek yemeden önce bir süre bekliyor. Bu arada hafif ve hoş bir kitabın okunmasına kulak veriyor. Tüm bu zaman zarfında dostları onun izinden giderek yaptıklarını yapma ya da tercih ettikleri başka bir şey yapma konusunda tamamen özgürler. Sonra akşam yemeği geliyor. Masa muhteşem olduğu kadar mütevazı da, gümüşler sade ve eski moda. Kullanmakta olduğu Korint vazoları da var, ama bu vazoları bir zevkle seviyor, delilikle değil. Akşam yemeğine genellikle komedi aktörleri neşe katıyor, böylece masanın keyfi edebiyatla çeşnileniyor. Yazın bile yemek gecenin geç saatlerine kadar sürüyor ama kimseye uzun gelmiyor, çünkü yemeğe hoş bir mizah ve memnuniyet eşlik ediyor. Sonuç olarak, yetmiş yedi yaşını aşmış olsa da kulakları ve gözleri her zamankinden iyi, bedeni hâlâ canlı ve uyanık ve yaşının tek belirtisi bilgeliği. Önceden hazırlığını yapmaya karar verdiğim ve yaşamaya yemin ettiğim yaşam biçimi bu. Yaşım bir kenara çekilmeyi haklı çıkardığı zaman böyle bir hayata şevkle adım atacağım.

Çalışkan, eğitimli, düzgün bir Romalının arzu edebileceği şey budur. Sınırlarını korumak ve –kendileri istemeseler bile– tüm iyiliği başkalarına getirmek için bilinen dünyanın en ucuna kadar gitmeye gönüllü olmalarında şaşılacak ne var?

Böylesine mükemmel bir öze ulaşma olasılığı bu vatandaşlar için çok gerçekti, sadece zenginler için değil, birçok çalışan insan için de, bir zamanlar köle olanlar için bile. Bu, Romalıların çoğunun işler o anda onlar için ne kadar kötü giderse gitsin sisteme gönülden inanmalarını ve en yetkili sınıfların tutucu eylemlerini desteklemelerini kolaylaştırıyordu.

Şirketin o muazzam efsanesi de neredeyse herkesi dev bir dini, felsefi ve duygusal şemsiye altında birleştiriyordu. Uzun zamandır devam eden, sınırlarda yıpranmış, merkezin coğrafya, ırk ve dil bakımından gitgide çeşitlenen halkın zihinlerindeki ve kalplerindeki hâkimiyetini kaybetmesiyle tümden çökmeye yüz tutan bir birlikti bu.

Bir süre kurumun gündelik hayatı güllük gülistanlıktı, halkın genel düzen içindeki yerlerinden hoşnut olmamaları, heyecan duymamaları için hiçbir neden yoktu. İçlerinde tırmanarak büyüyen bir boşluk, Roma'nın ruhunda hastalıklı bir şeyler vardı. Bu boşluğun içine birçok seçenek hücum etti ve sonra içlerinden biri hepsinin yerini aldı. Roma'nın inanç sistemi yalındı: Paganizm – her ne anlama geliyorsa bu. Cadıların Ouija tahtasına ve orman perilerine inanan ve Üniteryen kiliseye giden insanlar tanıyorum. Geniş kilise mekânlarını en yakınınızdaki alışveriş merkezinin tüm konforu ve eğlencesiyle birleştiren dev tapınma/tüketme tesislerine giden insanlar da var. Anlaşılan insanlar karışık bir sürü şeye inanıyor, özellikle de bugün. Roma dininin ortaya ilk çıktığı haliyle yetersiz ve kalın kafalı olup olmadığına karar vermek zor. Bin iki yüz yıl boyunca onlara büyük şans getirdi.

Tanrıların –farklı huylara ve yeteneklere sahip bir sürü tanrıları vardı– Roma için en iyisini istediğine ve evreni yöneten güçlerle devlet arasında çok özel bir ilişki olduğuna dair bir inanç üzerine kurulmuştu. Tıpkı Yahudilerin seçilmiş insanlar olduklarına inanmaları gibi Romalılar da gökyüzünde çakan şimşeğin kendileriyle konuştuğuna inanırlardı.

Romulus dahil şirketin tüm kurucularının tanrıların –bu durumda, savaş tanrısı Mars'ın– soyundan gelmiş olması gerekiyordu. Julius ve Augustus Caesar gibi diğerleri ise insan olarak başladıkları hayatlarını tanrı olarak bitirmişlerdi. Bu sadece bir saygı ifadesi değildi. İnsanlar onlara dua ediyordu. Onların duaları da muhtemelen bizim bugünkü tepkisiz ilahlarımıza ettiğimiz dualar kadar cevaplandı.

Her ailenin kendi baştanrısı vardı, o çatının altındaki herkese nimetlerini sunardı, özellikle de kurumun babasına. O da kendi çapında kurduğu ailenin tanrısı olarak görülürdü. Atalara da göçüp giden diğer kıymetli aile üyelerine de tapınılırdı. Bu yaşlılarına karşı çok iyi davranmalarına sebep olurdu. Huzurevleri yoktu, çünkü baba yukarıdaki arka odada yaşar, akşamları bir bardak sıcak şarap içmek ve çocuklarla zar oyunu oynamak için aşağı inerdi.

Tanrılar bu geri kalmış paganlarla birçok aptalca yoldan iletişim kurardı; hayvan bağırsaklarının ateşte nasıl dizildiğine ve yandığına, kuşların nasıl daireler çizip pike yaptıklarına, savaş günü sabahında yağmurun nasıl yağdığına –çiseleyerek mi, sağanak şeklinde mi– bakılırdı. Mesela Augustus savaş gününden önce hafif bir çiselemenin olmasını severdi. Bunun şans getireceğini hissederdi. Şansa ve kadere inanırlardı. Tanrıların gözünde neyin iyi olduğunu, Romalılar için neyin iyi olduğunu ifade eden belli başlı şeyler vardı. Sadelik. Sıkı çalışma. Belirli aile değerlerine saygı. Erkeklerin ailelerine ve devlete bakma sorumluluğu. Sade yemekler. Düşmanlara ağır ceza, dostlara sınırsız cömertlik. Tanrıların önünde alçakgönüllülük. Bazı ünlü kimseler hariç herkesin bu kurallara uyması beklenirdi.

Görünüşe göre, bizim de gördüğümüz gibi, devletin ihtiyaçları doğrultusunda, şirketin herhangi bir alımı ya da yeniden yapılandırılması için insan öldürmekte sakınca yoktu, düşmanlarınız, düşmanlarınızın dostları, dostlarınızın düşmanları, evcil hayvanlar, Afrika'dan gelen vahşi hayvanlar ve –şirketin üst düzey yöneticilerinden biriyseniz– sinirinizi bozan herhangi biri. Bugün yaşadığımız dünyanın acımasızlığı ve şiddeti – işte Roma'nın kitabını yazdığı konulardan biri de buydu. Şimdi adam öldürmek biraz daha zor. Gerçi Ukrayna Cumhurbaşkanı Viktor Yuşçenko, çekişmeli bir seçimi kazanmak için öldürmenin mubah sayılabileceğine inanan bazı insanların hâlâ var olduğunu gözler önüne serecek kadar kötü bir karaktere sahip.

Batıl inançlarla inançların bu karışımı imparatorluğun dört bir tarafındaki irili ufaklı yüzlerce tapınakta biliniyor ve uygulanıyordu. Bu sistem Roma'nın kaderiyle vatandaşlarının manevi hayatını birleştiriyordu. Kesinlikler vardı. Bunlar her gün kurum adına sergilemek zorunda kaldıkları korkunç davranışlar karşısında adamları rahatlatıyor; çocuklarını savaşa gönderen kadınların bunun şehir için, dolayısıyla tanrılar için olduğunu düşünerek huzur bulmalarını sağlıyordu. Şirketin genel görüşüyle çalışanlarının evrenin nasıl inşa edildiğine dair görüşleri iç içe geçmişti. Roma için iyi olan, dünyada önem taşıyan herkes için de iyiydi, ruh dünyasını idare eden güçlerin gözünde de iyiydi.

Ve sonra Roma AŞ büyüdü. Operasyonu yönetenlerin yaşam biçimini paylaşmayan milyonlarca insanı içine alacak kadar büyüdü. Bunlar arasında çalışanları şirkete düşmanlık besleyen birçok yeni kuruluş da vardı. Bir süre sonra en tepeden işleri yönetenler şirketi bir araya getiren o basit, dolaysız ve temel ruhu unuttular. O insanları Bir yapan efsanelerin ardındaki ilk yaratıcı olan dâhi Romulus'un toprağa çizdiği, toprağa kazıdığı büyük daireyi, Biz ve Onlar arasındaki gizli sınırı yaratan o daireyi unuttular. Yozlaştılar. Tanrılarla ve halkla temaslarını kaybettiler. Tanrılar bazen acımasız ve sert olabilirdi ama bayılana kadar yiyen, kendi annelerini ve üvey çocuklarını öldüren bu rezil oğlancı sürüsünü onaylayamazdı herhalde.

Doğudan gelip Akdeniz'e hızla yayılan tüm o diğer güçlü inançları ne yapacaktık peki? Burjuvamız, askerlerimiz ve kadın yöneticilerimiz bunlarla ilgili ne düşünüyordu? Bazıları vahşiydi! Çılgın Yahudiler! Ve şu Hıristiyanlar!

İnsanların ruhları bocalarken, Roma kavramıyla evrenin işleyiş biçimi arasındaki uyum bozulmuşken, kuzeydeki iştirakler şirketten toprak almak için uzun süreli bir çabaya giriştiler. Daha önce sadece şirketten ayrılmakla yetinecekken şimdi parlayan gözlerini şirket genel merkezine dikmişlerdi. Çünkü onların işi de satın almaktı.

Almanlar kuzeye tünemişlerdi. Ele avuca sığmaz Partlar doğudan baskı yapmaya devam ettiler. Onlarla birlikte diğer düşman orduları da Moğolistan'dan bozkırlar üzerinden saldırıyordu. İnanılmaz cevvalliklerine ve kararlılıklarına rağmen hepsinin tek tek alt edilmesi, merkezden uzaklaştırılması gerekiyordu. Binlerce, belki de yüz binlerce insan ölmek zorunda kalacaktı. Ne uğruna? Roma mı? Peki ya Roma'nın artık tanrılarla bir anlaşması yoksa? Ya öbür tanrılar daha iyiyse?

Bu ruhsal bozukluğun en çok hissedildiği yer doğal olarak Roma ordusuydu. Çünkü kafası çalışan insanlardan sürekli başkalarını boğazlayıp doğrayarak öldürmeleri istendiğinde bunu yapabilmek için inanabilecekleri ve güvenebilecekleri ahlaki ve dini dayanaklara ihtiyaç duyuyorlardı. Bir süre sonra merkezdeki aklını kaçırmış sapıklara güvenmekten vazgeçen ordu, genel başkanı seçme, destekleme ve gerekirse öldürme sorumluluğunu üstlendi. Bunun bir yöneticiyi göreve getirmek –ve görevden almak– için güvenilmez bir yöntem olduğu kanıtlandı.

Ordunun içine nasıl bir liderin sindiğini görmek ibret verici bir ders niteliğindedir. Onlar şirketin yönetici katında oluşan o büyük liderlik boşluğunu dolduracak türde birini istiyorlardı. Bir sürü başkan kafayı sıyırdığında Roma ruhunda gittikçe büyüyen manevi boşluğu doldurma konusunda yoğun bir istek gösterdi ve kendilerini yeryüzündeki tanrılara dönüştürdüler.

Örneğin MS 180'de mükemmel imparator Marcus Aurelius'un oğlu Commodus, babasının muhtemelen vebadan kaynaklanan ölümünden sonra ordunun desteğiyle iktidara geldi. On dokuz yaşındaydı ve beş yaşından beri Caesar unvanına resmi olarak sahipti. Ancak bu akıl sağlığı için pek de hayırlı olmamış olabilir. Çocuklar bu kadar yüksek oktanlı bir yakıt olmadan da orantı duygularını kaybedecek kadar kendilerini büyük görmeye müsaittirler.

İşe iyi başladı, kuzeydeki kabilelerle barış yaptı, halka ikramiyeler dağıttı. Ancak çok geçmeden Tanrı Herakles gibi giyinmeye başladı. Bunu ölçüp biçmek zor olmuştur büyük ihtimalle, çünkü Herakles'in nasıl giyindiğini gerçekten kim biliyor ki?

Neyse, işler neredeyse hemen kötüden daha da kötüye gitti. İmparator tanrısal kıyafet işini aslan derisi giyip bir değnek taşımaya kadar vardırdı. Bu, fazlasıyla kötüydü. 192 yılının sonbaharında kendisinin gerçekten de Herakles olduğunu resmi olarak açıkladı.

Roma aristokrasisi bu beklenmedik açıklama karşısında afallamıştı. Halksa yeni tanrıları gerçekten tanrı olduğunu kanıtlarsa ona bir fırsat vermeye hazırdı. Tıpkı bizim gibi onlar da kafadan çatlak ünlüleriyle eğlenmeye meraklıydı. Böylelikle Commodus, Herakles olduğunu kanıtlamak için uyguladığı strateji doğrultusunda Kolezyum'a çıkıp cücelerden suaygırlarına kadar her şeyle kahramanca savaştı.

Böyle bir gösterinin kalitesi ne kadar düşük olabilirdi ki?

Belki de yüksek maaşlı danışmanlardan tavsiyeler alan bu çılgın megaloman arenaya çıkıp en yetenekli gladyatörlerle dövüştü, onları "yendi" ve canlarını bağışladı. Çok sayıda hayvanı da öldürdü, ne de olsa o Herakles'ti. Koşusunun sonlarına doğru kendi döneminin "Altın Çağ" olduğunu açıkladı, kimsenin bundan kuşkusu olmasın diye. Ama oldu tabii. Hükümdarlığı boyunca eriştiği çeşitli mevkilerin adlarını aylara verdi. Nedense bu isimler yerleşmedi.

Ve şimdi, dünya tarihinin bu noktasında, Kore'nin en büyük amfi-teatrdan en büyük otoyola ve en kıytırık pisuara kadar her şeye kendi ismini veren, saç ektirme sırasını bekleyen manyak lideri Kim Jong İl tarafından doldurulan bir alana girmiş bulunuyoruz. Commodus da Roma için savaşan lejyonları "Commodianae" ismiyle, Roma liman-larına demirleyen savaş gemisi filolarını "Alexandria Commodiana Togata" ismiyle onurlandırmaya başladı. Senato'ya da yeni isim olarak "Commodus'un Talihli Senatosu" lütfedildi. Sarayına ve Roma halkının tamamına "Commodianus" ismini verdi. Bu çarpıcı isim değişiklikle-rini duyurduğu gün "Dies Commodianus" olarak anılacaktı. Hepsini taçlandıran son bir dokunuş olarak da, şehrin bir bölümünün yanıp kül olmasına neden olan bir yangından sonra burayı hoş ve akılda kalıcı bir isimle –evet, doğru– "Colonia Commodiana" ismiyle yeniden kurma fırsatını değerlendirdi.

Neyse ki, her şey tamamen çığrından çıkmadan önce, güreşçi bir gladyatör (çok yakışıklı biri olmalı, çünkü adı Narcissus'tu) Caesar'ı uykusunda boğdu. Roma yeniden Roma oldu.

Ancak bu bir sürü soruna çözüm getirmedi. Üç aydan kısa bir süre içinde her şey dibe vurdu ve Praetoria Muhafızları –yönetim katının gizli servisi; Augustus tarafından CEO'yu her türlü tehdide karşı ko-rumak için kurulmuştu– imparator Pertinax'ı öldürdü. Pertinax sadece bu olayla hatırlanır.

Bu o kadar da kötü değildi. Roma uğruna aynı şeyi daha önce de yapmışlardı. Ama bu seferki farklıydı ve çok daha sakat bir durumdu. Yerine geçecek kimse olmadığı için şirketi yöneten başkanın yerini (haklı olarak) kendilerinin alacaklarına ikna olan Praetoria Muhafızları Caesarlık görevini açık artırmaya çıkarıp en yüksek fiyatı veren Didius Julianus adlı silik ve zengin senatör bozuntusuna devrettiler. O da hak ettiği ödülü altmış altı gün sonra bir suikasta kurban giderek aldı.

Şirketin gelişim aşamalarında geldiği bu noktada üst düzey yönetici olmaktansa orta seviyede olmanın daha iyi olduğunu düşünüyorum. Hemen akabinde Senato Muhafız Birliği'ni dağıttı ve bu da genel merkezdeki paranoya seviyesini biraz düşürdü, ancak imparatorluğun gerçek güçleri –askeri, siyasi, ticari, o dönemde gemiyi kim yüzdürüyorsa– tarafından seçilen liderlerin kalitesinde bir fark yaratmadı.

Örneğin Elagabalus birkaç yıl sonra, 218'de ortaya çıktı, gerçek yüzü ortaya çıkana kadar kendisini seven ordu tarafından en tepeye oturtuldu. CEO olduğunda henüz yirmi yaşına basmamış gencecik bir çocuktu. İmparatorluğun tüm simgelerini üstünde taşıyarak, Suriye güneş tanrısı gibi giyinmiş bir vaziyette şehre girdi. İpleri annesinin elindeydi ve beş dakikalığına işleri gayet iyi idare etti. Giydiği kadınsı kıyafetler ve ondan hiç böyle şeyler beklemeyen gladyatörlere delicesine âşık olması halkla ve orduyla başının belaya girmesine yol açtı. Ordu, süslenip püslenen bir travestinin emriyle hareket etmekten memnun olmayacak kadar erkeksiydi. Uyanık olup olmadığı bile belli olmayan bir politikacıdan da asla emir almazdı. Bir Vesta rahibesini kendisiyle evlenmeye zorlayınca insanların iyice midesi kalktı. Kutsal bakirenin kirletilmesi zaten yeterince kötüydü, ancak genç adamın bu tertemiz genç kızı lekelemeden önce kadınlara çok sınırlı bir ilgi gösterdiği gerçeğiyle birleşince durum daha da kötüleşiyordu. Kısa bir süre sonra o da öldürüldü. Askerler onu annesiyle birlikte askeriyenin tuvaletine saklanmışken yakaladılar ve kafasını uçurdular. Bu tanrının hikâyesi de buraya kadarmış.

Roma'nın kalbinde kocaman bir delik vardı. Bu tür saçmalıklar devam ederken gitgide daha çok insan yüzünü doğuya çeviriyordu. İki yüz yıl kadar önce bir çarmıhın üzerinde ölen marangozun söylediklerini düşünüyorlar ve Hıristiyanlığa geçiyorlardı. Tam da Vandalların, Vizigotların ve Hunların yoğun bir gündemle şehre yöneldikleri anda takipçilerine öbür yanaklarını çevirmelerini öğreten bir inancı kucaklıyorlardı.

ON BİRİNCİ BÖLÜM

Roma İmparatorluğu'nun Gerilemesi ve Çöküşü (Kısaltılmış Versiyon)

İlk Hıristiyanlar pek tutulmayan bir gruptu. İşkence yaptığınızda bundan keyif alıyorlar, ölürken size lanet okumayı reddediyorlardı. Ölüme götürülürken bazen şarkı söylüyorlardı. En kötüsü de sürekli şu İsa denen adamdan bahsetmeleriydi. Eğitimli Romalılar da tanrılara gereken saygıyı gösteriyorlardı tabii ama buğulu gözlerle onlar hakkında konuşup durmuyorlardı. İşleri başlarından aşkındı.

Bu sinir bozucu fanatiklerin en kötü yanları, şirketin iyiliği için en önemli iki şeyi yapmaya yanaşmamalarıydı: Pax Romana şemsiyesi altında birleşen diğer medeni insanların yaptığı gibi, eski, bildik tanrıları −Jüpiter, Venüs, Mars− yeni tanrılarına eklemeyi ve imparatora bağlılık yemini etmeyi reddediyorlardı. Bu, bir Yankees maçında Amerikan milli marşını söylememek gibi bir şeydi, hatta da daha da kötüsü.

Tıpkı büyük Caesarlar gibi sonradan bir aziz olarak nitelendirilen Antakyalı Theophilos alçakgönüllülükle ama gayet net bir şekilde söylemişti bunu. "İmparatora bağlılığımı bildiriyorum," demişti,

> ...ama ona tapmayacağım. Bunun yerine onun için dua edeceğim. Tek ve gerçek Tanrı'ya taparım. Hükümdarı da onun yarattığını biliyorum. Şimdi bana sorabilirsiniz: "İmparatora neden tapmıyorsun?" Yetkisini Tanrı'dan alan imparator gerçek bir saygıyla onurlandırılmalı, ama ona tapılmamalı. Gördüğünüz gibi o Tanrı değil. Tanrı'nın o koltuğa tapılsın diye değil, yeryüzünde adaleti sağlasın diye oturttuğu bir adam sadece. Bu yetki ona Tanrı tarafından verilmiş bir bakıma. İmparator, kendisine tabi olanlar tarafından unvanının ele geçirilmesine müsamaha göstermeyeceğine göre Tanrı'dan başka kimseye tapılamaz.

Bu tarz bir yaklaşım, her iyi Romalı için sadece hakaret değil aynı zamanda ihanet anlamına da geliyordu. Devletin ve onun ilahi liderliğinin üstüne başka bir şey tanımak mı? İnsanlar çok daha azı uğruna uçurumdan aşağı atılmıştı. Şirketimde Tanrı'yı yönetim kurulu başkanının üstünde görmeye başlayan bir vatandaşın benim dünyamda da yeri yoktur.

Aklı başında Romalılar, bir devlet politikası olarak zaman zaman Hıristiyanlara zulmetmenin neden önemli olduğunu anlıyorlardı. Ve bunu uyguladılar: Onları çarmıha gerdiler, haşladılar, yarım günlük gösterilerinde öldürdüler. Bugün durduğumuz yerden dönüp tarihe baktığımızda kurumsal kimliğin bu yönünü doğru bulmayız, bulmamamız da gerekir. Kendi yaşam biçimimize göre nefret edilmesi gereken fanatik bir dinin tehlikeli mensuplarına asla işkence yapmazdık. Onları kesinlikle aslanlara atmazdık.

İğrenç Hıristiyanların Roma karşıtı tavırları yeterli gelmediyse, onlardan şiddetle nefret etmek için daha bir sürü mükemmel sebep sayılabilir. İmansız kâfirlerdiler işte, ayrıca çok da tembeldiler. Bir de bebeklerini yiyorlardı, bazen birbirlerini de yiyorlardı, genellikle yahni olarak. Dinlerinin bir parçasıydı bu. Sadece bu da değil. Geçen yılki seli hatırlıyor musunuz, mahsulün hepsini mahvedecekti hani? Onu da Hıristiyanlar yaptı. Geçen kış da Ostia limanının tamamına büyü yaptılar, bir sürü insanın dili kapkara oldu ve hepsi öldü.

35 yılında Senato bu yeni dini "tuhaf ve yasadışı" ilan etti. Ne çabuk! İsa 30 yılında ölmüştü, değil mi? Fazla hızlı bir kurumsal tepkiydi bu. İkiyüzlülüğü ve samimiyetsizliği kıyasıya eleştiren çok zeki iki adam olan Tacitus'la Suetonius Hıristiyanlığı yerin dibine geçirmek için kolları sıvadılar. Tacitus bu dini "ölümcül" ve "nefret dolu" buldu, Suetonius ise daha ılımlı bir tavırla "zararlı" olduğunu kabul etti.

Bundan sonra Hıristiyanlardan ciddi rahatsızlık duyulmaya başladı ama bu sürekli olmadı. Bir gelip bir giden bir şeydi, Kazakların 19. yüzyıl Hıristiyan Rusya'sında Yahudi köyleriyle uğraşmalarına benziyordu biraz. Koca imparatorluğun her yerinde eski tanrıların öldüğü lafı yayılmaya başladı ve her şeye yeni bir gözle bakış, özel ve kamusal girişimlerin sürekli kan kaybetmesine ve tanrıların katında kardeşiniz olan insanların durmadan kesilip biçilmesine iyi bir alternatif sağladı. Bu gidişat bir süre daha devam etti, batı yakası operasyonunun CEO'ları artık hep daha küçük ve daha aptal oluyordu. Bazen küçük çocuklar, marka değeri olan birilerinin oğulları imparator oluyor, çıkar gruplarından biri tarafından yönetici koltuğuna oturtuluyordu. Bunlara güçlü bir ikinci ya da üçüncü patronun "yardım etmesi" gerekiyordu, zayıf başkanlar için de aynı şey geçerliydi. Bu çürük düzen yardakçıları besler, dalkavukları ve diğer sürüngen türlerini en üst düzey görevlere kadar yükseltir. Bu tür insanlarla ben de karşılaştım ve açıksözlü bir zorbayla çalışmaktan beter bir şey olduğunu söyleyebilirim.

Yardakçıların ruhu yoktur. Dönüp dolaşıp yine şu ruhsal çürüme meselesine geldik. Ruhu olan Hıristiyanlarsa sağa sola koşturup aslında herkesin bildiği şeyi söylüyorlardı: Balık baştan kokar ve balık kafasına sadece aptallar tapar.

Ve işte yeni binyılın (bizim bakış açımızla eski binyılın) en önemli üst düzey yöneticisi karşınızda. Constantinus şirketi bütünüyle bambaşka bir şeye dönüştürdü; bu güçlü, yeni inancı devletin dini yaptı, şirket merkezini tehlikeden uzak bir yere taşıdı, batıdaki işletmeleri kapattı ve oradaki Hıristiyan olmayan güruhu göçebe ve ilkel bir yaşam sürecekleri şekilde kendi kaderlerine terk etti. O kadar önemli biriydi ki ondan sonraki yedi CEO kendilerine Constantinus adını verdi. Güçlü markalaştırma diye buna denir.

Babası eski tip bir Romalı yönetici olan Constantinus, Diocletianus'un emri altında çalıştı, sonra da Augustus adıyla onun yerine geçti. Bu işte gayet iyiydi ama en iyisi değildi. Genç Constantinus iyi bir kumandandı ve doğuda ordunun saygısını kazandı. O zamanlar Mel Gibson'dan bile sevimsiz bazı cesur yüreklerin idaresindeki çılgın Piktlerle de savaştı.

Babasının ölümünün hemen ardından ordu tarafından CEO'luğa atanan Constantinus, Britanya'dan döndü ve Trier'e yerleşti – burası Roma değildi, ki bu da başlı başına ilginç bir durum. Tarihin bu noktasında, 306 yılında, işleri yönetmek için genel merkezde bulunmanız gerekmediği açıkça görülüyor. Bu da bize şirket merkezinin değiştirilebilirliği hakkında bir şey söylüyor – sadece duygusal anlamda değil, operasyonel olarak da.

312'de Constantinus, bir savaşta rakip bir Caesar'ı püskürttü. Yaklaşık dört yüz yıl önce Pharsalus'ta yapılan savaş kadar önemli bir savaştı bu. Buranın neresi olduğunu ya da öbür adamın adını bilmenize hiç gerek yok. Tıpkı 1936 seçimlerinde Roosevelt'in karşısına kimin çıktığını bilmenize gerek olmadığı gibi. Bu mücadele Constantinus'u batı yakasında açık ara bir numaraya yerleştirdi. Belki daha da önemlisi, savaştan bir gece önce genç krala rüyasında adamlarının kalkanlarına haç işareti çizmesinin emredilmesiydi. Kazandığında, tahmin edebileceğiniz gibi, Hıristiyanlıkla ilgili hisleri belirgin ölçüde değişmişti. 313'te Constantinus ile doğu yakasının başındaki adam olan Licinius, Milano Fermanı olarak bilinen bildiriyi yayınladı. Buna göre Hıristiyan olmak da Pagan olmak kadar iyi bir şeydi ve böylece tüm işkenceler güya sona erecekti. Zulüm bir süre daha devam etti, ama sadece eğlence amacıyla. Oyunun heyecanı kalmamıştı.

Sonradan Constantinus dini birçok siyasi çekişmede kalkan olarak kullandı. İleri yaşına kadar vaftiz edilmemiş olmasına rağmen artık inançlıların tarafındaydı. Bu manevi kaleye sahip olması iyi olmuştu, özellikle de sonradan kayınbiraderi olan Licinius'u ve onun oğlunu öldürdüğünde. Daha sonra kendi oğlu Crispus'un ve üç çocuğunun annesi Fausta'nın da ölüm emrini verdi. Bu tür şeyler yaparken Tanrı'nın sizin tarafınızda olması iyidir.

324'ten itibaren Constantinus her iki yakada da işin tamamının tek hâkimiydi. O dönemde bu şirket için çok büyük bir değişimdi. İşgücü doğu yakasıyla batı yakası arasında, 1990'larda Disney'in yaşadığından çok daha beter bir bölünmüşlük içindeydi.

Tüm idareyi kontrol altına almasıyla birlikte antik Yunan kenti Byzantion'un adının Konstantinopolis olarak değiştirileceğini ve kentin şirketin yeni merkezi olacağını duyurdu. 330 yılında fiziksel altyapıda büyük iyileştirme çalışmaları gerçekleştirildi. Artık Roma, bugün New York Eyaleti'nin başkenti olarak hayatından memnun olan Albany'nin statüsüne inmişti.

Constantinus pek çok açıdan müthiş bir başkandı, tebaasının hem manevi hem de siyasi gelişimiyle ilgileniyordu, sürekli ve daha ayrıntılı çalışmaları değerli görüyordu. Aynı şeyi sizin de başka yerlerde yapmanızı öneririm.

Şimdi Roma'ya ya da ondan geriye ne kaldıysa oraya döneceğiz.

Hıristiyanlar her yerde öteki yanaklarını uzatıyorlardı, yerel liderlik tamamen arka plana atılmıştı ve eski şirket merkezine yönelik aralıksız saldırılar devam ediyordu. Bu saldırılar yıllar yıllar önce Kartacalıların oluşturduğu tehditle kıyaslanabilirdi ancak. Ancak Pön savaşlarında Hannibal Alpleri geçerken ve düşmanlar Roma AŞ'nin kalbine dalga dalga vururken tanrılarla uyum içinde bir liderlik söz konusuydu. Eski Roma AŞ ne kadar yere devrilse de tekrar ayağa kalkıyordu, ta ki siz daha fazla savaşamayacak hale gelinceye kadar. O zamanlar şirkete bulaşılmazdı.

Ancak şimdi doğru dürüst emir bile veremeyen, hiçbir vizyonu olmayan mankafalar, eski neslin büyük yöneticilerinin şirkete kattığı uç noktalardaki toprakların ve ülkelerin üzerinde idari kontrolü sağlayamayacak kadar güçsüzlerdi. Ordu da her yerde olduğu gibi bir sürü din değiştirmiş barış yanlısı insanla doluydu.

Şu düşmanlara bakın hele. Konuştukları dil kulağa sürekli "Bar, bar, bar" diyorlarmış gibi geliyordu. Bu yüzden de onlara bu isim takıldı.

Bunlar Almanlardı. Hayvan derisi giydikleri eski günlerde bile müthiş bir iş etiğine ve Tacitus'a bakılırsa, eşini aldatıp boşanmaktan mutlu olan Romalılara kıyasla sağlam bir ahlaki yapıya sahiptiler. Commodus'un masum memelileri arenada kıyıp geçirdiği zamanlarda harekete geçmeye başladılar. Doğudan Ostrogotlar, batıdan Vizigotlar olmak üzere Gotlar vardı. Büyük liderleri Alaric'in arkasında çok başarılı işler yapmışlardı, Keltlerin MÖ 400'de yaptıkları yağmadan sonra Roma'yı çuvala dolduran ilk kavimdiler. Üç gün boyunca çuval dansı yaptılar. Sonra da şehri terk edip kuzeye geri döndüler. Burada Franklarla karşılaştılar. Roma'ya kadar ulaşan Vandallar da oradaydı. Burada bir parti verdiler, sonra da Ren kıyısındaki krallıklarına doğru geri çekildiler.

Bu kötü barbarların hepsini harekete geçirip batı imparatorluğunu boydan boya katetmeye zorlayan aynı amansız güçtü: Çekici, ürkütücü Hunlar. Halkla ilişkiler faaliyetlerini, günlük operasyonlarının etkinliğini sağlayacak şekilde ayarlayan Attila vardı başlarında. Diğer Attilalardan ayırt edilebilmek için kendisine Hun Attila denmesini istiyordu. Dostları ona Tanrı'nın Kırbacı diyordu, ama muhtemelen sadece yalakalık yapıyorlardı. Bugüne kadar pek çok rakibi çıktığı halde Attila dünyanın en tanınmış barbarıdır.

Modern gözlemciler bu alımlı adamı hoş görünümlü biri olarak tanımlar. Kocaman başı, güneş yanığı teni, boncuk gözleri, büyük, yassı burnu ve bir İtalyanın yüzünde görülebilecek gür sakalı onu daha da çekici kılıyordu. Karşısında duranlarda yaratmak istediği korku hissini artırmak için gözlerini devirmekten de hoşlanırdı.

Moğollar gibi Hunlar da kötü kokan insanlardı. Muhtemelen bunun sebebi çiğ etle beslenmeleri ve tüylü kıyafetleriydi. Berbat bir kokuyla birlikte posttan sızan yağ onları nemden korurdu. Görgülü Etrüsklerin sağa sola saldıran, şarap, kan, ter ve şehvet kokuları yayan deli Romalılarla başa çıkmak zorunda olduğu günleri düşünün. Şimdi roller değişmişti ve önceden Roma boyunduruğunda kalmaktan memnun olan bütün bu kaba saba rakipler her yere yayılmış, Britanya'dan Kuzey Afrika'ya kadar şirketin tüm pazar payını alıp götürüyordu. Hele şu Hunlar. En kötüsü onlardı. Öbür barbarlar bile onlara barbar diyordu.

Büyük Hun'un kendisi 406'da doğdu. 5. yüzyılda hüküm sürdüğü yıllar boyunca onu öteki alçak heriflerden ayıran liderlik özelliği, bilinen dünyanın en acımasız ve korkunç savaşçısı olmasıydı. Bu unvan bir zamanlar o civardaki tüm Romalılar için geçerliydi. Başka sözüm yok.

Attila çok gençken, sadece bir ergenken, bazı barış pazarlıkları sırasında Roma'ya rehin olarak verilmişti. Orada iki yıl kaldı. Şehir hayatının tadına bakmıştır muhakkak. Forum'u bir kez gördükten sonra onları bozkırlarda nasıl zaptedebilirsiniz?

Yirmili yaşlarında hiç de kolay lokma olmayan ve yolu üzerindeki her şeyi yakıp yıkan Vizigotlara saldırdı. Yakıp yıkmak aslında onun kurumsal misyonuydu ve bunda kimse ondan daha iyi olamazdı. Ostrogotları da başından savdı. Hiçbir Got sağ bırakılmadı. Daha sonra –tıpkı Romulus gibi!– Hun tahtının tek sahibi olmak için kardeşini öldürdü. Ancak taht yeri değiştirilebilen bir nesneydi tabii.

Roma ordusunun bu önüne geçilmesi imkânsız tehdit karşısında nasıl etkisiz kaldığını tahmin edersiniz. Doğuda Theodosios Hunlara hürmetlerini sundu, böylece onlardan uzak durup batıya odaklanacaklardı. Daha sonra bunun gayet akıllıca bir strateji olduğu ortaya çıktı. Attila barbarlarla daha az uğraşıp dikkatini en büyük hedefi olan Roma'ya çevirdi. Her mevsim bir sulak bölgeye akın yaptı, kendi nispeten küçük şirketine ganimet ve toprak kazandırdı. Açık konuşmak gerekirse, bu yaptıklarının Roma tarihinin ilk üç-dört yüzyılında olanlardan hiçbir farkı yok, öyle değil mi? Eskiden deri kıyafetler içindeki serseriler bizimkilerdi ama artık sopa yeni nesil zorbaların eline geçmişti.

Attila kendisinden önceki Kartacalılar gibi pes etmedi, birkaç savaşı kazandı, bazen yenildi, her seferinde hedefine biraz daha yaklaştı. 451'de yarım milyona yakın adam Fransa'dan geçerek dosdoğru yaşlı şirketin zayıf, çürümüş kalbine yöneldi. Avrupa'nın bazı büyük şehirlerini yakıp yıkıp yağmaladılar. Attila gerekirse bir şehri kuşatabilirdi. Barbar bir güruh için normal bir şey değildi bu, çünkü onlar genellikle sürü halinde saldırmayı severlerdi. Gittikleri her yerden zaferle döndüler ve Roma dünyasına patronun kim olduğunu gösterdiler.

Vizigotların da yardımıyla –işlerin ne kadar korkunç bir hale geldiğini gösteriyor bu– batı imparatorluğu Hunları uzak tutmayı başardı, en azından o yıl. O günlerin tarih kayıtlarına bakıp Roma AŞ'nin bağrında etki ve güç sahibi olan ne kadar çok barbar olduğunu fark ettiğinizde bu ittifak iki kat ilginç geliyor. AOL'la birleşmesinden sonra Time Warner'da çalışmak gibi bir şey olmalı.

Durum bir süreliğine belirsizliğini korudu ama sonunda Dick Parsons ve ekibi için işler nasıl yoluna girdiyse Roma için de öyle oldu. 452 yılında Attila ve yanındaki donyağıyla yağlanmış odun kafalılar için yeni bir talan mevsimi geldi. Sonra bir facia oldu; Büyük Hun, 453'te Roma'ya yapacağı ve zaferle sonuçlanacak son seferin planlarını yaparken, kırk yedi yaşında öldü. Çok güzel ve kendisinden çok daha genç bir kadınla evlenmişti –yedinci karısıydı– ve düğünü kutlamak için verdiği ziyafette, sarhoş bir halde seks yaptıktan sonra birdenbire yere düştü, burnundan kan gelerek öldü. Müzik sektöründe, düşük sağlık güvencesi olan bir yönetici de olabilirdi.

Hun imparatoru biraz tiksindirici bir şekilde yavaş yavaş gözden kaybolurken, geriye dönüp baktığımızda kabul etmeliyiz ki, gözlerini devirmesine ve çabuk parlayan öfkesine rağmen vahşi bir goril filan değildi. Bilgelikten yoksun biri de değildi. Son ölümcül burun kanamasından önce söylediği iddia edilen şeylerden bazıları şunlar:

- Büyük liderler asla kendilerini fazla ciddiye almazlar.
- Politik bir savaşta arkanı kolla.
- Sadece bile bile düşman edin.
- Bir Hun için algı gerçekliktir.
- Meşgul görünenler her zaman çalışmazlar (bugün otoyol inşa eden ekiplerin sırrı).
- Geçmişte yaptıklarınla değil, insanların senin yaptığını düşündükleri şeylerle anılırsın.
- Her Hun kendi yaşam koşullarını ve deneyimlerini başarıya dönüştürmekten sorumludur. Bir Hunun kendisi için yapmayı ihmal ettiği bir şeyi onun için bir başka Hun yapamaz, hele bir Romalı hiç yapamaz.
- Bazı Hunların aslında hiç olmayan sorunlar için çözümleri vardır (bunu iş tanımı haline getiren en az altı adam tanıyorum).
- Vasat fakat vefalı Hunlara uzun süre katlanın. Yetkin fakat vefasız Hunlara hiç katlanmayın.

Bunların hiçbiri pek parlak sayılmaz ama tibet öküzü gibi nefes alıp veren bir diktatörden beklemeyeceğimiz kadar da bilgelik dolular.

Bu filozof ve soykırımcı o zaman aramızdan bu kadar acımasızca ayrılmasaydı Roma AŞ Hunların eline geçebilirdi ve biz de hemen heyecanlı sonuç bölümümüze geçebilirdik. Ancak kurumsal liderliğin önemi bir kez daha kanıtlanmış oldu; Attila'nın oğulları ancak Henry Ford'un oğulları kadar etkili çıktı ve Hun tehdidi ortadan kalktı. Onların soyundan gelenler bugün Macaristan'da yaşamak zorundalar. Bu da yeterli bir ceza gibi görünüyor.

Batı yakası ofisi eski büyüklüğüne kıyasla zavallı bir küçük parçaydı. Şirket merkezi, artık bir önemi olmasa da küçük, şirin bir kasaba olan Ravenna'ya taşınmıştı. Neredeyse her şey sona ermişti, biraz daha cinayet ve kavga dövüş oldu tabii. Batı imparatorluğu ölmüştü ama kasları seğirmeye devam ediyordu. Roma AŞ'de ise, kıyamet günü gelmiş olsa bile, hayalet bacağın kasılmaları yönetici katının kontrolünü kimin alacağı üzerinde dönen kavgalardan kaynaklanıyordu – o katta artık kaydadeğer hiçbir şey olmuyordu oysa.

Son CEO, Romulus Augustulus ya da "Küçük Augustus" 475 yılında, on yaşındayken taç giydi. Babası Orestes'in kuklasıydı. Orestes, İtalyan ordu komutanı olarak şirketten geriye kalan şeyi idare ediyordu. Ta ki onunla görülecek hesabı olan orta seviyede, barbar bir yönetici olan Odovakar tarafından öldürülünceye kadar.

Romulus'un yaşamasına izin verildi, muhtemelen henüz tıraş olmaya bile başlamadığı ve kimse için bir tehdit oluşturmadığı için. O ve maiyetindeki dalkavuklar ile koltuksuz kalan üst düzey yönetim, sindirim güçlüğü çeken yaşlı Tiberius Caesar tarafından kullanılan emeklilik köşkü Lucullanum'a sürgüne gönderildi. O ahlaksız bunakların bacakları arasında hoplayıp zıplayan, her ırktan ve cinsiyetten küçük çocuklarla daha iyi günleri de olmuştu bu şatonun. O güçlü kuvvetli şirketin şimdi ne hale düştüğüne bakın. Barbarlar kral olmuştu. Romalılar da Hıristiyan. Esas faaliyet Byzantium'daydı. Burada her şey bitmişti.

Küçük Augustulus 476'da tahttan çekildi. Büyük Roma AŞ'den batıda geriye kalan tek şey Pantheon'un merdiveninde İtalyan buzu satan küçük bir tezgâhtı. Hâlâ orada.

Sonsöz: Ne Öğrendik?

1096'da Roma Katolik Kilisesi'nin birleşik ordusu, ulusallığı aşan ya da dini ortak bir ulus kimliği olarak öne süren bir güç olarak, çeşitli düzmece sebeplerle Ortadoğu'ya hücum etti. Bu sebepler o zaman onlara iyi gibi gelmiştir, eminim. Bütün savaşların gerekçeleri haklılığın verdiği bir ışıltıyla pırıl pırıl parlar. Ta ki araya giren zamanın ve duygusal mesafenin derinliğinde o pırıltı silinene kadar.

Haçlı seferleri çok davetkâr bir konu olsa da burada bunu tartışmak için bulunmuyoruz, çünkü küresel imparatorluğumuz kendi haklılığından gayet emin olan başka bir ortaçağ gücü ile karşı karşıya artık. Roma'yı dünyanın ilk büyük çokuluslu şirketine dönüştüren şeyin ne olduğuna baktığımızda, başlangıçtaki o göz alıcı ruhu öldükten altı yüz yıl kadar sonra misyonunu yeniden gözden geçirmesinin, örgütsel yapısını yeniden şekillendirmesinin, başkentini ve diğer kaynaklarını yeniden konuşlandırmasının önemli olduğunu görürüz. Gayet de iyi idare ediyordu.

Roma İmparatorluğu çökmedi. Yüzyıllarca, binyıllarca hayatta kalmayı arzulayan tüm kurumsal varlıkların yaptığı şeyi yaptı: Kendine yeniden şekil vererek iyi örgütlenmiş, manevi birlik içinde, fazlasıyla siyasallaşmış ve müthiş zengin yeni bir küresel varlık olarak çıktı ortaya – bugünlerde bile büyüyüp gelişmeye devam eden bir varlık. Bu varlığın adı Roma Katolik Kilisesi'dir.

Yeniden örgütlenen bu büyük kurumsal yapının ortaya çıkması, Constantinus'un İsa'yı yeni Jüpiter yaptığı, şirketin merkezini batı yakasından doğu yakasına taşıdığı 4. yüzyıla dayanır. İlk yıllarda birdenbire her akıllı insanın sıkı sıkıya sarıldığı kurumsal bir kültür haline gelen Kilise, görünüşte hizmet ettiği imparatorluğun organizasyon ve liderlik özelliklerini kendi üstünde topladı. Minik Augustulus'un iktidardan çekilmesinden sonra hâkim olan seküler varlık ortadan kaybolunca Kilise tek başına ayakta kaldı. Bundan böyle rahiplerin hâkim olduğu yeni şirket, imparatorluğa hizmet eden yapının altında kendi yatağında akmaya devam etti, ancak sadece bu yapıya bağlı olarak yaşamını sürdürmesi mümkün değildi. Patrona yeni bir unvan verdiler ve işe koyuldular. Farklı türde bir işti bu, doğru, ama pek çok yönden benzerlikleri vardı. Savaşçılar, satış çakalları, mimarlar, dilenciler, suikastçılar, parti manyakları, tüccarlar ve dünyayı silip süpüren, yeni topraklar alarak zenginlik yaratan politikacılar farklı bayraklar altında aynı şeyi yaptı. Ancak tüm bu faaliyetler, bin yıldan uzun bir süredir olduğu gibi Roma'nın ruhu ve dehası etrafında birleşmişti.

Ondan sonra birçok imparatorluk geldi geçti. Ama Romulus'un ve büyük Augustus'un çocukları Güney Amerika'nın en ucundan Avrupa'nın eski şehirlerine, Asya'ya ve Birleşik Devletler'e kadar dünyanın dört bir yanına yayılmış durumdalar. Roma, baktığımızda gördüğümüz yerlerin büyük bir kısmını yönetmeye devam ediyor. Cephede savaşan subayları olarak rahipler sayıları gittikçe artan orta düzey yöneticilere rapor veriyor, onlar da kardinal seviyesindeki üst düzey yöneticilere ve yönetim kurulu başkanlarına hesap vermek zorunda. Onlar da en tepedeki patrondan bir telefon gelir korkusuyla yaşıyorlar. Büyük patron o an için bir Polonyalı, Alman ya da Nijeryalı olabilir, ancak eski ve kuşkusuz cinselliğe daha açık olan bir Caesar tarafından kurulan şehrin kalbinde saltanatı ve maiyetiyle birlikte ikamet etmeye devam edecektir.

Örneğin Marcus Aurelius'un yaşadığı tehlikeli günlerde atalarımızın karşı karşıya kaldıklarına benzemeyen zorluklarla karşılaşan bir uygarlık olarak bizim soracağımız soru şudur: Cep telefonlarına, BlackBerry'lere ya da seyahat programındaki beklenmedik değişikliklerin yaratacağı sorunları giderebilmek için şirket uçaklarına sahip olmayan bu eski kültür nasıl oldu da bu kadar uzun süre hayatta kalabildi ve sonunda neredeyse eşit derecede başarılı başka bir versiyona dönüştürebildi kendini?

Bu soruya verilecek cevapların hem kurumsal vatandaşlar olarak hem de tehlikeleri gitgide artan bu gezegenin sakinleri olarak bize bir faydası dokunabilir. Romalı atalarımızın önerdiği strateji ve çözümlerin bazıları her zaman hoş olmayabilir, ancak –Attila'nın kendisinin de söylediği gibi– mesaj nahoş olsa da mesajı getiren Hunu öldürme arzumuza karşı koyalım.

Roma hayatta kaldı, çünkü ona bir sürü çok etkin, yaratıcı ve kötücül yönetici bahşedilmişti. İnsanlık tarihinde, Roma'dan önce ve sonra, muazzam güçlü bir yaratıcı dürtüyü, bu kadar uzun bir süre boyunca, geçerli olan her yolu kullanarak insan öldürme arzusuyla eşzamanlı olarak birleştiren bir üst ve orta düzey yönetici grubu hiç görülmedi. Bugün tanıdığım büyük üst düzey yöneticilerin çoğu, ilk bakışta çelişkili görünen bu iki gücün etkili bir karışımına sahipler. Bunlardan sadece birine sahipseniz bir süreliğine işleri idare edebilirsiniz, ancak hükümdarlığınız kalıcı olmayacaktır.

İkisi arasında bir tercih yapmanız gerekirse şu değerlendirmeyi stratejik aklınızın baş köşesinde bulundurun: İnsan öldürmeye meraklı olan şirketler olmayanlardan daha iyi iş çıkarırlar. Aynı yeteneğe sahip olan yöneticiler olmayanlara göre daha başarılı olurlar. O zaman da şimdi de en korkutucu, kötü kalpli olanlar en iyisidir. Masum insanlar adınızı duyduklarında korku içinde kaçışıyorsa doğru yoldasınız demektir. Bununla beraber tarih, mantıklı davrananların bunun karşılığını alacağını göstermiştir. Örneğin arkadaşlarınızı ve ailenizi öldürmek ya da –hem mecazi hem de gerçek anlamında– tokatlamak genellikle kötü bir eylemdir.

Aynı zamanda düşmanlarınızın hayatta kalmasına izin vermenizin de akıllıca olmayacağı açıktır. Brutus Caesar'ın ölümünden sonra Marcus Antonius'un hayatını bağışlamıştı, çünkü sergilemekte olduğu yüce ideal uğruna "yanlış olan şey"i yaparak kadim dost ve hamisine bıçak saplamak istemedi. Kısa bir süre sonra Antonius geldi ve onu ezip geçti. Önceden iktidarda olan ekibin geri gelip yeni yönetim ekibini alaşağı etmesine sayısız kez rastlanmıştır. Güçlü bir liderlik kadrosu için en iyi başlangıç temiz bir sürgündür. Bunun ardından sessizce yapılacak infazlar da maaşları yıllık faaliyet raporlarında yer alanlar arasında asayişi sağlamak açısından hiç de fena bir fikir değildir. Aynı zamanda eğlencelidir de.

Şirket bütün kafayı yemiş insanları erken emekli edip iyi bir yönetim kurulu başkanının bayrağı altında ilerleyebilir. Ancak onun varlığı tek başına yeterli değildir. İşler yolunda giderken Roma şirketinin içindeki tüm sınıflar dengedeydi, her birinin kendine ait güçleri vardı ve bunu kullanıyorlardı. Şımartılmış patriciler, ter kokan plebler, çalışkan burjuvazi ve irikıyım bir yüksek yürütme organı... Bunların hepsi ortak bir gündem yaratmak için birlikte çalışıyordu, en azından dünyanın geri kalanı öyle olduğunu düşünüyordu. Roma kendi içinde durmadan savaşıyor olabilirdi, ancak aile, şirkete bağlı kuruluşlara ve olası yatırımlara karşı her zaman birleşik bir cephe görüntüsü veriyordu.

Görmüş olduğumuz üzere, ancak güçlü bir merkezi olan ve tüm tarafların yönetici koltuğunda oturan koca adama belli bir düzeyde saygı duyduğu bir şirkette büyük bir orta düzey yönetim ile mutlu ve verimli bir çalışan tabanı bulunabilir. Ne yazık ki bu adamı (Kleopatra, Martha ya da Carlie söz konusu olduğunda kadını) bulmak düşünüldüğü kadar kolay değildir. Hastalıklı bir toplumda ise böyle birinin esamisi bile okunmaz.

İşe iyi tarafından bakacak olursak, liderin günün sonunda altın levha kazanabilmesi için bir Augustus ya da Caesar bile olması şart değildir. Ancak yine de –para kazanmak, aşırı yemek yemek, birilerini yatağa atmak, hissedarları kazıklamak, penisinden hakiki votka fışkıran heykellerin olduğu milyon dolarlık partiler vermek ya da 12 bin dolarlık banyo perdeniz ya da golf sahanız için şirketin kanını emmek gibi– yöneticilik imtiyazlarından yararlanmaktan fazlasını yapmaları gerekir. Yönetim kurulu başkanının, Romulus, Caesar, Augustus ya da Constantinus gibi, şirketin temel meselesinin ne olduğuyla ilgili bir vizyona sahip olması ve bu vizyonu gerçeğe dönüştürmek için tereddüt etmeden ve suçluluk duymadan hareket etmesi gerekir. Şirketin genel anlayışının şirket için çalışan ve şirkete hizmet eden insanların ya da sonradan katılma olasılığı olanların ahlaki ve etik duyarlıklarına karşı soğuk durmaması faydalı olur.

Ahlaki ve etik duyarlıklardan söz açılmışken, araştırmalarımız birçok insanın bu tür duyarlıklara sahip olduğunu ortaya koyuyor. Yönetim ne derse yapması ve bu konuda ağzını kapalı tutması gereken güçsüz çalışanlar da dahil. Ne kadar uğraşırsanız uğraşın bu vicdani meselelerden kaçıp kurtulamazsınız. Dolayısıyla, başınızdaki son tiranın ömründen daha uzun süre var olmak isteyen bir şirketseniz büyük-küçük herkesin kendini iyi hissetmesini sağlayacak türden manevi bir temel yaratmanız gerekir. Bu değerler sistemi, işgücünün adam öldürmeye, yağmalamaya, tarlaları tuzlamaya, tahrip etmeye, kalpazanlık yapmaya, uzun süreli çalışanları haklarından mahrum etmeye ya da arada sırada gözlerini çıkarmaya karşı önceden muhtemelen hissettiği tüm ahlaki kısıtlamalardan kurtulmasını sağlayabilmelidir.

Güçlü bir yönetici bu bakımdan manevi bir arınma imkânı sunabilir. Ancak sadece egemen Tanrı ya da tanrılar programa dahil olup ruhsal dünyayı yöneten güçlerin gözünden tabiatımız itibarıyla doğru ve düzgün yaptığımız şeyleri yorumlayınca şirket vatandaşlarının hepsinin gönülden katılımını sağlamış olur.

Şirketin neyin iyi olduğuna dair tüm dünyada kabul gören inanca uyum sağlaması ilerlemek için mecburi koşuldur. Bu uyuma sahip değilseniz toplumunuz tarafından daha önce onaylanan her türlü utanç verici davranış şüphe duyulacak hale gelir. Bu uyum olmadan hayvanlara, kölelere, yabancılara, sakatlara, sizinle aynı dine inanmayan insanlara kötü davranamaz, akşam yemeği yemek ya da bir gösteri seyretmek için dışarı her çıkışınızda hal ve gidişattan rahatsız olursunuz. Bir süre sonra tüm o çığlıklar ve ölümler sinirinize dokunmaya başlar. Hatta hem evde hem de yolda yaptığınız bazı şeylerden dolayı tanrıların size kızacağını bile hissedebilirsiniz. Bunun bir adım ötesi savaşta geri dönüp kaçmaktır.

İyi bir lider, mutlu bir orta yönetim kadrosu ve tanrıların gülümsediğini düşünen çalışanlarla şirket sonsuza dek varlığını sürdürebilirdi, tabii günün birinde şirketin yıkılmasına sebep olması neredeyse kesin olan tek bir kaçınılmaz engel olmasaydı: Sürekli büyümenin yarattığı korku. Bugün New York Borsası bütün şirketlere baskı yapıyor; ya büyürsünüz ya da satınalma statünüzü kaybedersiniz diye. Ancak büyüme beraberinde korkunç bir bedeli de getiriyor. İyi alımlar –büyümek ve zenginleşmek için idare edebilecekleriniz– bütün işletmelere can damarı oluyor. Kötü alımlar ise tam tersine çalışan bir işletmenin can damarını emen parazitler gibi. Roma'nın kendi kavrayışının sınırlarını aşan bir noktaya ulaşması, işleri bir çatı altında sakin ve verimli bir şekilde yürütmesini sağlayan o müthiş yeteneğini bile tüketti sonunda.

İlerlemek ve büyümek zorundasınızdır, aksi takdirde bir şeyler yapmak için sabırsızlanan bir sürü insan –avukatlar, yatırım bankacıları, katiller, dönüşüm uzmanları, hendek kazıcıları, hazır yemek firmaları, piyade erleri ve mevcut operasyonlarda tatmin edici bir portföye sahip olmayan kıdemli üst düzey yöneticiler– rehavete kapılır. Ama bu özel tatlının fazlası hazımsızlığa yol açar. Bu kadar çoğunu ancak tıkınabilirsiniz. Sonra da midenizdeki her şey ağzınıza gelmeye başlar.

Farklı etkiler ve bir inanç ve sesler kargaşası yüzünden şirketin merkezi fikri fazla genişleyip yayılarak sulandırılmaya başlarsa şirket yalpalamaya başlar. Eskiden çözdüğünüz sorunlar artık sizi boğar. Daha önce hüsrana kapılarak kapınıza tünemiş olan Hunların hepsi tütüleri ve tuhaf şapkalarıyla ana caddede yürüyüşe geçerler. Sizi ve gümüş takımlarınızı almak için geldiklerinde kapıyı çalmazlar.

Daha da kötüsü, sürekli büyüme ve şirket alımı ancak aralıksız savaşla elde edilebilir. Galibiyet için ağır bir bedeldir bu. Şirketin bir durağanlık noktasına erişmesi gerekir, sokaktaki insanlar sizi yeterince hırslı olmamakla suçlasalar bile. Bir çatışma anı yaşanır tabii, adamlarınızın yumuşamasını ya da açlıklarının dinmesini istemezsiniz. Ama birkaç yüz yıllık barış ve huzur da kimseye zarar vermez. Hatta işler için iyidir bile, milli gelirlerin artmasını ve daha çok yeni ürün geliştirilmesini, güvenilir nakliye rotalarının ve iletişim yollarının açılmasını, iyi bir yaşam arayışı içinde olan insanların mutlu olmasını sağlar.

Son olarak, her büyük işletmenin uzun ömürlülüğünün özünde yatan şey bellidir. Tiber adındaki küçük su birikintisinin kıyısındaki toprak barakalardan oluşan ilk Roma yerleşim bölgesinden, Apple'ın Intel çip tabanlı bir binaya taşınacağını duyurmasına kadar ebedi gençliğin sırrı, dönüşüm yeteneğinde saklıdır.

Roma bir aile şirketi olarak kuruldu, kardeşini öldürmeye ve komşularının karılarını çalmaya can atan bir adam tarafından yönetildi. Doruk noktasında, tüm silahlar ateşlenirken ve makine büyük bir uğultuyla tam gaz çalışırken, Roma İmparatorluğu birçok insan için diğer her şeyden daha iyi olan tek bir büyük fikrin çatısı altında tüm dünyayı birleştiren –belki de terbiyesiz, inatçı Partlar hariç!– barış ortamını yarattı. Roma dünyası mis kokulu bahçeleri, heybetli binaları bizimkinden çok da farklı olmayan bir yaşam biçimine sahip olan orta sınıfıyla aynı zamanda güzel bir yerdi de. Şirketin bu konsepti eskiyip işe yaramaz, içinde keyif çatmanın fazlasıyla tehlikeli olduğu bir hale gelince, bugün başkalaşarak 1,1 milyar kişiye çobanlık eden ve en çok bağış toplama yemeğinin verildiği devasa bir finansal ve dini yapıya dönüştü. Nükleer santral yapan bir şirketin devamı olan çok büyük bir şirkette çalışıyorum. Eski şirket, başlangıçta trafo ve kendi tabirleriyle büyük dönen objeler yapan bir imalatçı firmayken büyümüş. Bugün biz içerik üretiyoruz. Şirketimizin her kıtada ofisleri var. Gelirimiz gün geçtikçe artıyor ve oldukça iyi kâr ediyoruz. Pek çok zorluğun yükü altında sıkıntı da çekiyoruz elbette. Bunlardan bazıları, küreselleşmenin bizim sektörde yarattığı bozulma, sektördeki güçlerin kontrolünü sağlayamadığımız hareketleri ve New York Borsası'nın sürekli genişlememiz ve büyümemiz yönündeki talebi. Bu genişlemenin ne kadar aptalca bir biçime bürüneceği ya da şirketimizin yapısına ve bütünlüğüne dayatabileceği maliyetlerin hiçbir önemi yok. Bazı liderlerimiz müthiş. Diğerlerinin Phoenix'te olması gerekiyor.

Size söyleyebileceğim en iyi şey, orta düzey yönetimde olmanın hâlâ çok keyifli bir şey olduğu. Başka şirketlerde çalışan arkadaşlarım da hemen hemen aynı şekilde düşünüyor. Binalarımızın üstünde yazan isimler farklı, ancak hepimiz Roma için çalıştığımızı biliyoruz. İmparatorluk nereye, biz oraya. Ara sıra büyük gösterinin hali sinirlerimizi bozuyor. Ama çok da fazla kafayı takmıyoruz. Başka seçenek var mı?

Bu hâlâ dünyada oynanabilecek en iyi oyun.

Dizin

www.ingramcontent.com/pod-product-compliance
Lightning Source LLC
Chambersburg PA
CBHW062106080426
42734CB00012B/2777